HEYNE BÜCHER

ESOTERISCHES WISSEN

Von Shakti Gawain sind erschienen in der Reihe
HEYNE ESOTERISCHES WISSEN

Im Garten der Seele · Band 08/9563
Meditationen im Licht · Band 08/9610
Das Leben-im-Licht-Programm · Band 08/9621
Erwachen · Band 08/9900
Gesund denken · Band 08/9639

Zusammen mit Laurel King:
Leben im Licht · Band 08/9535

Von Shakti Gawain ist außerdem erschienen
im Heyne Buch-Programm
Wege der Wandlung · Band 40/235

SHAKTI GAWAIN

GESUND DENKEN

KREATIV VISUALISIEREN

WILHELM HEYNE VERLAG
MÜNCHEN

HEYNE ESOTERISCHES WISSEN
Herausgegeben von Michael Görden
08/9639

Aus dem Amerikanischen übertragen
von Siegfried Berger (Teil 1 – 5)
und Thomas Görden (Teil 6 – 10)

Titel der Originalausgaben:
CREATIVE VISUALIZATION
erschienen bei Whatever Publishing, Mill Valley, California, USA,
und THE CREATIVE VISUALIZATION WORKBOOK
erschienen bei New World Library, San Rafael, California, USA

Printed in Germany 1994
Umschlaggestaltung: Atelier Adolf Bachmann, Reischach
Umschlagillustration: Bildagentur Mauritius/Grafica, Mittenwald
Satz: Kort Satz GmbH, München
Druck und Bindung: RMO, München

ISBN 3-453-07729-6

Inhaltsverzeichnis

Danksagung

Ich danke euch, Mark Allen und Dean Campbell, für alles, besonders für eure Liebe und Unterstützung beim Schreiben dieses Buches. Dank auch an euch, Rainbow Canyon und Lorena Laforest Bass, daß ihr mir gute Freunde seid. Und ein besonderes Dankeschön an meine Mutter Chi-uh für all ihre Liebe, Weisheit und Ermutigung.

Danken möchte ich natürlich auch all meinen großartigen Lehrmeistern, die so viel zu meinem Leben, meinem Glück und den Einsichten beigetragen haben, die in dieses Buch eingeflossen sind. Einige von euch habe ich als Gurus erlebt, einige als persönliche Freunde und Liebhaber, und andere wiederum sind mir in Buchform begegnet. Euch alle liebe und schätze ich sehr.

Nicht versäumen möchte ich, meinem inneren Führer, der mir stets den Weg gewiesen hat und immer noch weist, meine Bewunderung auszusprechen und zu danken ... er erinnert mich immer wieder daran, wie schön das Leben in Wahrheit ist ... und von ihm ging eigentlich der letzte Anstoß aus, dieses Buch zu schreiben.

An meine Leser

Liebe Freundinnen und Freunde,

ich entschloß mich, dieses Buch zu schreiben, um Ihnen mitzuteilen, welch wunderbare Dinge ich gelernt habe. Ich lebe intensiver und habe mehr Freude am Leben als je zuvor.

Als Expertin in der Kunst des kreativen Visualisierens würde ich mich nicht unbedingt bezeichnen. Ich versuche mich in dieser Kunst, und je mehr ich das tue und selbst kreatives Visualisieren anwende, desto mehr entdecke ich, daß die Möglichkeiten dieser Methode schier unausschöpflich sind ... ebenso grenzenlos schöpferisch wie Ihre Phantasie.

Dieses Buch soll als Einführung dienen und ein Arbeitsbuch sein, um kreatives Visualisieren zu erlernen und auch anzuwenden. Sehr wenig von dem angebotenen Stoff habe ich selbst ausgearbeitet; es handelt sich um eine Zusammenstellung der brauchbarsten und nützlichsten Ideen und Techniken, die ich während meiner persönlichen Studien kennengelernt habe.

Ich greife auf viele Quellen zurück. Das Buch endet mit einer Liste von Büchern, Tonbandkassetten und Schallpatten, die mir wichtige Anstöße gaben, und die Sie, wie ich glaube, interessant und hilfreich finden werden.

Noch eins: dieses Buch enthält viele verschiedene Techniken. Es ist wohl am besten, wenn Sie sie in Ruhe nacheinander durcharbeiten und anwenden. Ich schlage Ihnen vor, das Buch langsam zu lesen und einige Übungen zu versuchen. Sie geben sich damit die Chance, gründlich damit vertraut zu werden. Oder vielleicht wollen Sie es zuerst in einem Zug und später noch einmal langsamer lesen.

Dieses Buch ist ein Geschenk, das ich Ihnen in Liebe übergebe ... möge es ein Segen für Sie sein ... möge es Ihnen helfen, immer mehr Freude, Befriedigung und Schönheit in Ihr Leben zu bringen ... möge es das Licht nähren, das in Ihnen leuchtet ...

Viel Spaß damit!

In Liebe Shakti

BUCH
1

KREATIV VISUALISIEREN

TEIL
1

Grundlagen des kreativen Visualisierens

Jeder Augenblick deines Lebens
ist unendlich schöpferisch,
und das Universum
ist freigebig ohne Unterlaß.
Bring eine Bitte nur klar
genug zum Ausdruck,
und alles, was dein Herz begehrt,
wird zu dir kommen.

Was ist kreatives Visualisieren?

Kreatives Visualisieren ist eine Methode, Ihre Vorstellungskraft zu nutzen, um das zu verwirklichen, was Sie in Ihrem Leben wollen. Es handelt sich beim *kreativen Visualisieren* keineswegs um etwas Neues, Fremdartiges oder Ungewöhnliches. Sie wenden es bereits täglich an, ja in jeder Minute. Es ist Ihre natürliche Kraft der Vorstellung, die schöpferische Ur-Energie des Universums, die Sie ständig benutzen, ob nun bewußt oder unbewußt.

In der Vergangenheit haben viele von uns die Kraft des *kreativen Visualisierens* verhältnismäßig unbewußt eingesetzt. Aufgrund unserer eigenen tiefsitzenden negativen Einstellungen zum Leben haben wir automatisch und unbewußt erwartet und uns vorgestellt, daß Mangel, Begrenztheit, Schwierigkeiten und Probleme einfach unser Los im Leben sind. Bis zu einem gewissen Grad haben wir uns das alles selbst geschaffen.

Dieses Buch will zeigen, wie Sie Ihre natürliche schöpferische Phantasie in wachsendem Maß als Methode unbewußt nutzen können, um das zu erschaffen, was Sie *wirklich* wollen – Liebe, Erfüllung, Freude, befriedigende Beziehungen, lohnende Arbeit, Selbstverwirklichung, Gesundheit, Schönheit, Wohlstand, inneren Frieden und Harmonie … was auch immer Ihr Herz begehrt. Kreatives Visualisieren gibt uns die Möglichkeit, an uns selbst zu erfahren, wie gut und wohltätig das Leben von Natur aus ist.

Phantasie ist die Fähigkeit, eine Idee oder ein Bild geistig entstehen zu lassen. Beim kreativen Visualisieren benutzen Sie Ihre Vorstellungskraft (Phantasie), um ein klares Bild von etwas zu erzeugen, dessen Manifestation Sie sich wünschen. Konzentrieren Sie sich immer wieder auf eine Idee oder ein Bild. Setzen Sie so lange positive Energie ein, bis Ihr Wunsch objektive Wirklichkeit geworden ist … mit anderen Worten, bis Sie tatsächlich das ›Vorgestellte‹ erreicht haben.

Ihr Ziel kann auf jeder Ebene liegen – der körperlichen, emotionalen, geistigen oder spirituellen. Sie können sich vorstellen, eine neue Wohnung, eine neue Arbeitsstelle oder eine schöne Beziehung zu haben, daß Sie sich ruhig und heiter fühlen oder vielleicht über ein besseres Gedächtnis und eine gesteigerte Lernfähigkeit verfügen. Sie können sich auch vorstellen, wie Sie eine schwierige Situation mühelos meistern, oder Sie sehen sich selbst einfach als strahlendes Wesen, voller Licht und Liebe. Sie können auf jeder Ebene arbeiten, und es werden sich immer Erfolge einstellen ... durch Erfahrung werden Sie Bilder und Techniken finden, die optimal für Sie sind.

Nehmen wir folgendes Beispiel: Sie haben Schwierigkeiten, mit jemandem zurechtzukommen, Sie wollen aber mit dieser Person eine harmonische Beziehung aufbauen.

Sie entspannen sich tief, fühlen sich ruhig und meditativ und stellen sich vor, wie Sie beide in einer offenen, ehrlichen und harmonischen Weise miteinander umgehen und kommunizieren. Lassen Sie innerlich das Gefühl zu, daß Ihr geistiges Bild möglich ist und es jetzt schon Wirklichkeit sein könnte.

Wiederholen Sie diese kurze, einfache Übung mehrmals, vielleicht zwei- oder dreimal täglich oder wann immer Sie wollen. Wenn Sie es mit Ihrem Wunsch und Ihrer Absicht ernst meinen und Sie für eine Veränderung wirklich offen sind, werden Sie bald merken, daß die Beziehung einfacher und fließender und die andere Person offenbar angenehmer wird und Sie mit ihr leichter kommunizieren können. Schließlich werden Sie feststellen, daß sich das Problem von selbst löst, und zwar zum Wohle aller Beteiligten.

Ich möchte darauf hinweisen, daß diese Methode *nicht* dazu benutzt werden kann, das Verhalten anderer zu ›kontrollieren‹ oder sie zu veranlassen, etwas gegen ihren Willen zu tun. Wir können aber damit unsere inneren Barrieren wegräumen, die uns den Zugang zu natürlicher Harmonie und Selbstverwirklichung verwehren; jedem Menschen steht dieser Weg offen.

Um schöpferisches Visualisieren anwenden zu können, brauchen Sie nicht an irgendeine metaphysische oder spirituelle Idee zu glauben, wenngleich Sie bereit sein müssen, bestimmte Idealvorstellungen für möglich zu halten. Sie müssen nicht an irgendeine Kraft ›glauben‹, die außerhalb von Ihnen ist.

Notwendig ist jedoch das Verlangen, Ihre Kenntnisse und Erfahrungen zu erweitern und zu bereichern, und Ihr Geist muß offen genug sein, etwas Neues mit einer positiven Einstellung zu versuchen.

Machen Sie sich mit den Grundsätzen des kreativen Visualisierens vertraut, probieren Sie die Techniken mit offenem Geist und offenem Herzen aus, und urteilen Sie dann selbst, ob sie für Sie von Nutzen sind.

Sollte es so sein, dann fahren Sie fort, sie anzuwenden und weiterzuentwickeln, und bald werden die Veränderungen in Ihnen selbst und in Ihrem Leben wahrscheinlich Ihre kühnsten Erwartungen übertreffen …

Kreatives Visualisieren ist magisch im wahrsten und höchsten Sinn des Wortes. Dazu gehört, daß Sie die Naturgesetze, die unser Universum regieren, verstehen, beachten und lernen, diese Gesetze auf eine bewußte und schöpferische Art zu nutzen.

Wenn Sie noch nie eine prachtvolle Blume oder einen herrlichen Sonnenuntergang gesehen haben und jemand würde sie Ihnen beschreiben, könnten Sie beide als Wunder betrachten (was sie ja auch sind!). Erst wenn Sie selbst Sonnenuntergänge gesehen haben und anfangen, die Naturgesetze zu erfassen, die dabei wirksam sind, werden Sie zu verstehen beginnen, wie sie entstehen, was dabei abläuft, und alles wird Ihnen natürlich und nicht besonders geheimnisvoll vorkommen.

Beim kreativen Visualisieren ist es genauso. Was zunächst für die sehr beschränkte Art von Bildung, die unser rationaler Verstand genossen hat, höchst erstaunlich und unmöglich erscheinen mag, wird vollkommen verständlich, wenn wir in diesem Zusammenhang etwas über unsere grundlegenden Denkmuster erfahren und daran arbeiten.

Sobald Sie so verfahren, werden Sie in Ihrem Leben geradezu Wunder bewirken … ja!

Wie kreatives Visualisieren wirkt

Um zu verstehen, wie kreatives Visualisieren wirkt, ist es hilfreich, sich einige Prinzipien anzusehen, die in einer Wechselbeziehung zueinander stehen:

Das physische Universum ist Energie

Die Welt der Wissenschaft beginnt allmählich zu entdecken, was metaphysische und spirituelle Lehrer schon seit Jahrhunderten wissen. Unser physisches Universum ist in Wirklichkeit gar nicht aus irgendeiner ›Materie‹ zusammengesetzt; es besteht im wesentlichen aus einer Art Kraft oder Geist (Essenz), die wir *Energie* nennen können.

Die Dinge erscheinen fest und voneinander getrennt auf der Ebene, auf der sie unsere Sinnesorgane normalerweise wahrnehmen. Auf feinstofflicheren Ebenen jedoch, etwa auf der atomaren und subatomaren, wird scheinbar feste Materie zu immer kleiner werdenden Teilchen innerhalb jeweils anderer Teilchen, und am Ende stellt sich heraus, daß es sich um reine Energie handelt.

Physikalisch gesehen sind wir Energie, und alles in uns und um uns herum besteht aus Energie. Wir sind alle Bestandteil eines großen Energiefeldes. Dinge, die wir als fest und voneinander getrennt wahrnehmen, sind in Wirklichkeit nur verschiedene Formen unserer essentiellen Energie, die allem gemeinsam ist. Wir sind alle eins, und das ist sogar wörtlich und physikalisch gemeint.

Die Energie schwingt mit unterschiedlich hoher Geschwindigkeit und ist deshalb auch von unterschiedlicher Qualität, feiner oder dichter. Gedanken sind eine relativ feine, leichte Form von Energie und daher sehr schnell und leicht zu ändern. Materie ist eine relativ dichte, kompakte Energie und bewegt und verändert sich aus diesem Grund langsamer. Ferner bestehen bei den verschiedenen Materieformen große Unterschiede. Lebendes Fleisch ist verhältnismäßig fein, verändert sich schnell und reagiert leicht auf viele Einflüsse. Felsgestein hat eine viel dichtere Form, seine Veränderung dauert länger, und es ist schwieriger, eine chemische Reaktion auszulösen. Dennoch wird sogar ein Felsen am Ende verändert, etwa durch die feine, leichte Energie des Wassers. Alle Energieformen stehen in wechselseitiger Beziehung zueinander und können gegenseitig aufeinander einwirken.

Energie ist magnetisch

Ein Gesetz der Energie ist folgendes: Energie einer bestimmten Qualität oder Schwingung hat die Neigung, Energie einer ähnlichen Qualität und Schwingung anzuziehen.

Gedanken und Gefühle haben ihre eigene magnetische Energie; diese zieht ähnliche Energie an. Wir können zum Beispiel die Wirksamkeit dieses Prinzips erkennen, wenn wir ›zufällig‹ jemandem begegnen, an den wir gerade gedacht haben oder ›rein zufällig‹ ein Buch in die Hand bekommen, das genau die Informationen enthält, die wir in diesem Moment benötigen.

Zuerst die Idee, dann die Form

Gedanken sind eine schnelle, leichte, bewegliche Form von Energie. Sie manifestieren sich augenblicklich, im Gegensatz zu dichteren Formen, wie etwa Materie.

Wir erschaffen etwas immer zuerst in gedanklicher Form. Der Manifestation geht immer ein Gedanke oder eine Idee voraus. »Ich denke, ich mache das Mittagessen«, ist die Idee, welche der Zubereitung einer Mahlzeit vorausgeht. Der Gedanke »Ich möchte ein neues Kleid« ist da, bevor wir zum Einkaufen gehen; »Ich brauche einen Arbeitsplatz« ist da, bevor wir einen finden.

Ein Künstler hat zuerst eine Idee oder eine Inspiration, und dann schafft er ein Gemälde. Ein Baumeister hat zuerst einen Plan, und dann baut er ein Haus.

Die Idee ist wie ein Plan; sie erschafft ein Bild von der Form. Dieses Bild magnetisiert physikalische Energie und bringt sie dazu, in jene Form zu fließen, die sich schließlich auf der physischen Ebene manifestiert.

Derselbe Grundsatz gilt, selbst wenn wir äußerlich nichts tun, um unsere Ideen zu verwirklichen. Wenn Sie einfach nur eine Idee oder einen Gedanken haben und in Ihrem Kopf behalten – so ist das eine Energie, die dazu tendiert, die dazugehörige Form auf der materiellen Ebene anzuziehen und zu erschaffen. Wenn Sie dauernd an Krankheit denken, werden Sie schließlich krank werden; wenn Sie wirklich daran glauben, daß Sie schön sind, dann sind Sie es auch.

Das Gesetz der Ausstrahlung und Anziehung

Dies ist der Grundsatz, daß alles, was Sie auch in das Universum hinausgeben, auf Sie zurückkommen wird. »Was du säst, wirst du ernten.«

In der Praxis bedeutet das folgendes: Wir ziehen immer dasjenige im Leben an, worüber wir am meisten nachdenken, woran wir am stärksten glauben, was wir ganz tief in uns erwarten und/oder was wir uns am lebhaftesten vorstellen.

Wenn wir negativ und furchtsam, unsicher und ängstlich sind, werden wir dazu neigen, gerade jene Erfahrungen, Situationen oder Menschen anzuziehen, die wir zu vermeiden suchen. Wenn wir eine von Grund auf positive Einstellung haben, wenn wir Freude, Befriedigung und Glückseligkeit erwarten und uns diese Seelenzustände vorstellen, dann werden wir Menschen, Situationen und Ereignisse anziehen oder so gestalten, daß sie mit unseren positiven Erwartungen übereinstimmen. Je mehr positive Energie wir aufbringen, uns das vorzustellen, was wir wollen, desto mehr fängt es an, sich in unserem Leben zu manifestieren.

Wie Sie kreatives Visualisieren anwenden können

Der Prozeß der Veränderung geschieht nicht auf einer oberflächlichen Ebene, etwa durch bloßes ›positives Denken‹. Es geht dabei auch darum, unsere innersten Grundeinstellungen zum Leben zu erforschen, zu entdekken und zu ändern. Deshalb kann es zu einem tiefen und bedeutsamen Wachstumsprozeß kommen, wenn wir lernen, schöpferisches Visualisieren anzuwenden. Im Laufe dieses Prozesses entdecken wir oft, wie wir uns aufgrund unserer Ängste und negativen Gedanken selbst zurücknehmen und den Weg zur Zufriedenheit und Erfüllung im Leben versperren. Wenn wir das einmal klar erkannt haben, können wir uns durch kreatives Visualisieren von dieser einengenden Haltung befreien und finden so zu unserem natürlichen Zustand der Glückseligkeit, Erfüllung und Liebe …

Zunächst machen Sie wohl Visualisierungsübungen zu bestimmten

Zeiten und möchten damit bestimmte Ziele erreichen. Wenn Ihnen schöpferisches Visualisieren immer mehr zur Gewohnheit wird und Sie anfangen, den Ergebnissen zu trauen, die es Ihnen bringen kann, werden Sie feststellen, daß es zu einem festen Bestandteil bei Ihren Denkabläufen wird. Es stellt sich ein Bewußtseinszustand ein, in dem Sie erkennen, daß Sie selbst ständig der Schöpfer Ihres Lebens sind und sonst niemand.

Das ist der Punkt, um den es letztendlich beim kreativen Visualisieren geht – jeden Augenblick unseres Lebens zu einem Augenblick einer phantastischen Schöpfung zu machen und wie selbstverständlich das beste, schönste und glücklichste Leben zu wählen, das wir uns vorstellen können …

Eine einfache Übung des kreativen Visualisierens

Hier ist eine Grundübung des kreativen Visualisierens:

Denken Sie zuerst an etwas, das Sie gerne haben möchten. Wählen Sie für diese Übung etwas Einfaches aus, das Ihnen *leicht* erreichbar erscheint. Es kann ein Gegenstand sein, den Sie gerne haben möchten, ein Ereignis, das Sie sich wünschen, eine Situation, in der Sie sich gerne wiederfinden würden oder irgendein Umstand in Ihrem Leben, den Sie positiv verändern wollen.

Nehmen Sie eine bequeme Haltung ein. Sie können sitzen oder liegen, an einem ruhigen Ort, wo Sie nicht gestört werden. Entspannen Sie sich völlig. Denken Sie sich nacheinander jeden einzelnen Muskel entspannt, lassen Sie jede Anspannung aus Ihrem Körper entweichen. Beginnen Sie bei den Zehen, und wandern Sie hinauf bis zur Kopfhaut. Atmen Sie tief und langsam vom Bauch aus.

Zählen Sie langsam von 10 bis 1. Fühlen Sie, wie Sie mit jeder Zahl entspannter werden.

Sie fühlen sich jetzt tief entspannt … fangen Sie an, Ihren Wunsch möglichst genau zu visualisieren. Ist es ein Gegenstand, so stellen Sie sich vor, wie Sie ihn gebrauchen, bewundern, genießen und ihn Freunden zeigen. Ist es eine Situation oder ein Ereignis, dann stellen Sie sich vor, daß alles genauso geschieht, wie es Ihren Wünschen entspricht. Sie können sich ausmalen, was wohl die Leute dazu sagen würden; oder an bestimmte Einzelheiten denken, die das Ganze für Sie wirklicher machen.

Gehen Sie in dieser Vorstellung auf … nur kurz oder ein paar Minuten lang – ganz wie Sie wollen. Haben Sie Spaß dabei. Es sollte eine Erfahrung sein, die Sie total genießen, wie ein Kind, das sich in einem Wachtraum ausmalt, was es zu seinem Geburtstag möchte.

Bleiben Sie noch ein wenig in Ihrer Vorstellung oder Ihrem Bild und sagen Sie innerlich bewußt ›ja‹ dazu (laut oder still, was Ihnen lieber ist), etwa so:

»Ich verbringe hier ein wunderbares Wochenende in den Bergen. Was für ein schöner Urlaub.«
oder
»Ich habe nun eine wunderbare, glückliche Beziehung mit … Wir lernen wirklich, uns zu verstehen.«

Diese positiven Aussagen, die man Affirmationen nennt, sind ein sehr wichtiger Bestandteil des kreativen Visualisierens. Wir werden uns später noch ausführlicher damit beschäftigen.

Machen Sie es sich zur Gewohnheit, nach jedem Visualisieren zu bekräftigen:

»Dies oder etwas Besseres manifestiert sich nun für mich auf völlig befriedigende und harmonische Weise, zum Wohl aller Beteiligten.«

Damit halten Sie sich offen für etwas anderes oder sogar Besseres als Ihre ursprüngliche Vision, und Sie werden daran erinnert, daß diese Übung nur gelingt, wenn das Wohl aller sichergestellt ist.

Wenn Zweifel auftauchen und Ihr Verstand ›nein‹ sagen will, wehren Sie sich nicht dagegen oder versuchen Sie nicht, diese Reaktion gar nicht erst aufkommen zu lassen. Das würde sie eher nur noch verstärken. Lassen Sie sie einfach durch Ihr Bewußtsein ziehen, und wenden Sie sich wieder Ihren eigenen positiven Aussagen und Bildern zu.

Machen Sie diese Übung nur so lange, wie Sie sie genießen können und interessant finden. Das können 5 Minuten oder eine halbe Stunde sein. Machen Sie sie jeden Tag oder so oft Sie können.

Diese Grundübung ist, wie Sie sehen, relativ einfach. Um daraus jedoch echten Nutzen ziehen zu können, müssen Sie sich im allgemeinen etwas eingehender damit beschäftigen.

Entspannen Sie sich

Besonders für eine(n) noch Ungeübte(n) ist es wichtig, sich beim kreativen Visualisieren tief zu entspannen. Wenn Körper und Geist tief entspannt sind, verändert sich das Gehirnwellenmuster augenblicklich, es wird langsamer.

Diese tiefere, langsamere Schwingungsebene nennt man normalerweise Alpha-Ebene (Ihr normales, geschäftiges Wachbewußtsein bezeichnet man dagegen als Beta-Ebene). Zur Zeit wird die Wirkung der Alpha-Wellen intensiv erforscht.

Es hat sich herausgestellt, daß die Alpha-Ebene, aufgrund ihrer entspannenden Wirkung auf Geist und Körper, einen sehr heilsamen Bewußtseinszustand auslöst. Und, interessant genug, sie hat sich auch um vieles wirkungsvoller als die aktivere Beta-Ebene erwiesen, wenn es darum geht, wirkliche Veränderungen durch Visualisieren in der sogenannten objektiven Welt herbeizuführen. Was bedeutet das für unsere Praxis? Nun, wenn Sie lernen, sich tief zu entspannen und kreatives Visualisieren anzuwenden, werden Sie Ihr Leben entscheidend verändern; durch Grübeln, Sich-Sorgen-Machen, Pläne-Schmieden und den Versuch, Dinge und Menschen zu manipulieren, verändern Sie sehr viel weniger.

Wenn Sie gewohnt sind, sich auf eine ganz bestimmte Art tief zu entspannen oder in einen ruhigen, meditativen Zustand zu gelangen, dann wenden Sie auf jeden Fall diese Methode an. Bleiben Sie ansonsten vielleicht doch bei der Methode, die ich im vorhergehenden Kapitel beschrieben habe – langsam und tief atmen, nacheinander jeden Muskel Ihres Körpers entspannen und langsam von 10 bis 1 zählen.

Ein Yoga- oder Meditationskurs hilft Ihnen sicher weiter, wenn Sie Schwierigkeiten haben, sich körperlich zu entspannen. Wenn es auch sehr banal klingt: Ein wenig Übung macht Sie zum Meister oder zur Meisterin im Entspannen.

Natürlich, ein Nebeneffekt von alldem ist, daß sich tiefe Entspannung sowohl geistig als auch körperlich heilsam und wohltuend auf Sie auswirken wird.

Es ist besonders gut, Visualisierungsübungen in der Nacht vor dem Schlafengehen zu machen oder am Morgen gleich nach dem Aufwachen, weil da Geist und Körper oft schon tief entspannt und empfänglich sind. Sie wollen vielleicht im Bett visualisieren, aber wenn Sie dabei leicht einschlafen, ist es am besten, Sie sitzen am Bettrand oder auf einem Stuhl, in einer bequemen Stellung, das Rückgrat aufrecht und im Gleichgewicht. Wenn Ihr Rückgrat aufrecht ist, fließt die Energie besser und es stellt sich leichter ein tiefes Alphawellen-Muster ein.

Auch wenn Sie sich nur kurz, etwa um die Tagesmitte, Zeit für Meditation und kreatives Visualisieren nehmen, wird es Sie entspannen, erneuern, und Sie werden an diesem Tag mehr im Fluß sein.

Wie visualisiert man?

Viele fragen sich, was denn eigentlich mit dem Begriff ›visualisieren‹ genau gemeint ist. Einige sind beunruhigt, weil sie einfach kein geistiges Bild ›sehen‹ oder keine Phantasien haben, wenn sie die Augen schließen und sich etwas vorstellen. Andere wiederum meinen, daß sie nichts ›sehen‹ können, sie ›denken‹ irgendwie ›daran‹ oder stellen sich vor, daß sie etwas sehen, oder bekommen irgendein bestimmtes Gefühl. Das ist vollkommen in Ordnung. Unsere Phantasie ist dauernd tätig, es geht gar nicht anders. Deshalb ist alles in Ordnung – was beim Visualisieren in Ihnen auch ablaufen mag.

Wenn Sie sich noch nicht sicher sind, was Visualisieren bedeutet, können Sie folgende Übungen durchlesen. Schließen Sie dann die Augen und versuchen Sie es:

Schließen Sie die Augen und entspannen Sie sich tief. Denken Sie an irgendein vertrautes Zimmer, etwa an Ihr Schlafzimmer oder Wohnzimmer. Erinnern Sie sich an einige vertraute Einzelheiten, z. B. an die Farbe des Teppichs, wo die Möbel stehen, wie hell oder dunkel es ist. Stellen Sie sich vor, wie Sie in das Zimmer gehen und sich auf einen bequemen Stuhl setzen oder sich auf eine Couch legen.

Nun rufen Sie sich ein Erlebnis der letzten paar Tage ins Gedächtnis zurück, das Sie sehr genossen haben, etwa eine köstliche Mahlzeit, eine Massage, ein erfrischendes Bad oder eine Liebesnacht. Erinnern Sie sich so lebhaft wie möglich daran und genießen Sie diese lustvollen Empfindungen noch einmal.

Stellen Sie sich jetzt vor, Sie sind in irgendeiner idyllischen Landschaft, entspannen Sie sich vielleicht auf weichem, grünem Gras neben einem kühlen Fluß oder wandern Sie durch einen schönen, üppigen Wald. Es kann ein Platz sein, wo Sie schon gewesen sind, oder erträumen Sie sich einen Platz, den Sie gerne aufsuchen würden. Gehen Sie auch hier ins Detail und erschaffen ihn nach Ihren Wünschen.

Egal, welche Übung Ihnen nun am meisten zusagt – es ist Ihre persönliche Art zu ›visualisieren‹.

Es gibt tatsächlich zwei verschiedene Formen des kreativen Visualisierens: die rezeptive und die aktive. Bei der rezeptiven Form entspannen wir uns einfach und lassen Bilder oder Eindrücke auf uns zukommen, ohne auf Einzelheiten Wert zu legen; wir nehmen an, was kommt. Bei der aktiven Form treffen wir ganz bewußt eine Wahl und erschaffen das, was wir sehen oder uns vorstellen wollen. Beide Formen sind ein wichtiger Bestandteil des kreativen Visualisierens, und sowohl Ihre rezeptiven als auch aktiven Fähigkeiten werden durch Übung gestärkt.

Besondere Probleme mit dem Visualisieren

Es kann vorkommen, daß jemand in seiner Fähigkeit zu visualisieren oder sich willentlich etwas vorzustellen, total blockiert ist und das Gefühl hat: »Ich kann das einfach nicht.« Diese Art von Blockierung entsteht gewöhnlich aus Angst, durch die aber der/die Betreffende gehen kann, wenn er/sie es nur will.

Im allgemeinen blockiert jemand die Fähigkeit, kreatives Visualisieren für sich zu nutzen, aus Angst, das anschauen zu müssen, was in ihm ist – die Angst vor Gefühlen und Emotionen, die man sich selbst nicht eingesteht.

Zum Beispiel konnte ein Mann in einem meiner Kurse einfach nicht visualisieren und schlief immer während der Meditationen ein. Es stellte sich heraus, daß er einmal beim Visualisieren ein starkes emotionales Erlebnis gehabt hatte; er hatte Angst, verlegen zu werden, wenn er vor anderen seine Gefühle zeigt.

In Wahrheit ist *nichts* in uns, was uns verletzen kann; nur die Angst vor unseren eigenen Gefühlen kann uns gefangenhalten.

Wenn etwas Ungewöhnliches oder Unerwartetes während der Meditationen auftaucht, ist es am besten, es einfach voll anzuschauen, dranzubleiben und es so intensiv wie möglich zu spüren. Sie werden feststellen, daß es Sie von da an nicht mehr negativ beeinflußt. Wir leiden unter Ängsten, weil wir uns bestimmten Dingen nicht stellen wollen. Wenn wir einmal bereit sind, den Ursprung einer Angst *ohne Ausflüchte und Wenn und Aber* anzuschauen, dann verliert sie ihren Schrecken.

Glücklicherweise sind solche Probleme mit dem Visualisieren selten. In der Regel ist kreatives Visualisieren problemlos. Je mehr Sie es ausüben, um so weniger Mühe haben Sie damit.*

---

* Ich empfehle den ›Silva Mind Control‹-Kurs all denen, die sich eine besondere Geübtheit im Visualisieren wünschen. Siehe Bücherliste.

Vier entscheidende Schritte zum erfolgreichen Visualisieren

1. Setzen Sie sich ein Ziel

Stellen Sie sich vor, was Sie gerne haben würden, worauf Sie hinarbeiten, was Sie verwirklichen oder erschaffen wollen. Es kann auf jeder Ebene sein – eine Arbeitsstelle, ein Haus, eine Beziehung, eine Veränderung in Ihnen selbst, mehr Wohlstand, einen glücklicheren Gemütszustand, Gesundheit, Schönheit, eine bessere körperliche Verfassung, oder was auch immer.

Wählen Sie zunächst Ziele, an die Sie leicht glauben können und bei denen Sie die Möglichkeit sehen, sie in naher Zukunft zu verwirklichen. Auf diese Weise stoßen Sie nicht auf allzuviel negativen Widerstand in Ihnen, und Sie haben mehr Erfolgserlebnisse beim Erlernen des kreativen Visualisierens. Später, wenn Sie mehr Übung haben, können Sie Probleme angehen, die schwieriger sind und Sie mehr fordern.

2. Machen Sie sich ein genaues Bild

Stellen Sie sich im Geist Ihren Wunsch-Gegenstand oder Ihre Wunsch-Situation genauso vor, wie Sie sie haben wollen. Denken Sie einfach, daß Ihr Wunsch *bereits* Wirklichkeit ist. Malen Sie sich aus, wie Sie sich jetzt in Ihrer Wunsch-Situation wiederfinden. Schmücken Sie diese mit so vielen Einzelheiten aus, wie Sie nur können.

3. Konzentrieren Sie sich immer wieder darauf

Denken Sie oft ganz bewußt an Ihre Vorstellung oder an Ihr geistiges Bild, in stiller Meditation und gelegentlich auch tagsüber, wenn es Ihnen zufällig in den Sinn kommt. Auf diese Art werden sie Teil Ihres Lebens, nehmen konkretere Formen an, und Sie visualisieren erfolgreicher.

Wichtig ist: seien Sie sich bewußt, daß Sie nicht erbittert darum kämpfen oder übermäßig viel Energie dafür aufbringen müssen, ein solcher Kampf würde eher hemmend als fördernd wirken.

4. Geben Sie Ihrem Ziel positive Energie

Seien Sie positiv und guten Mutes, wenn Sie sich auf Ihr Ziel konzentrieren. Bekräftigen Sie mit Nachdruck: daß es existiert, daß es schon verwirklicht wurde oder gerade verwirklicht wird. Stellen Sie sich vor, wie Sie es erreichen. Solche positiven Aussagen nennt man ›Affirmationen‹. Beim Arbeiten mit Affirmationen können Bedenken oder Zweifel entstehen. Versuchen Sie nicht darauf zu achten, und lassen Sie immer mehr das Gefühl zu, daß das, was Sie begehren, möglich ist.

Arbeiten Sie so lange an diesem Prozeß, bis Sie Ihr Ziel erreicht haben oder gar nicht mehr den Wunsch verspüren, es zu erreichen. Denken Sie daran, daß sich neue Ziele ergeben können, bevor die alten verwirklicht sind. Das gehört zum menschlichen Veränderungs- und Wachstumsprozeß und ist ganz natürlich. Versuchen Sie nicht, den Prozeß in die Länge zu ziehen, wenn Sie gar keine Energie mehr dafür haben – wenn Sie das Interesse verlieren, kann das bedeuten, daß es an der Zeit ist, Ihre alten Ziele neu zu überdenken.

Wenn Sie merken, daß Sie ein anderes Ziel verfolgen, gestehen Sie es sich ruhig ein. Werden Sie sich bewußt, daß Sie sich nicht mehr auf Ihr früheres Ziel konzentrieren. Lassen Sie das alte Ziel los, und beschäftigen Sie sich von nun an intensiv mit dem neuen. So können Sie unnötige Verwirrung und das Gefühl, ›versagt‹ zu haben, vermeiden, wenn Sie sich schlicht und einfach nur verändert haben.

Machen Sie es sich ganz bewußt, wenn Sie ein Ziel erreicht haben. Oft bekommen wir Dinge, die wir uns die ganze Zeit gewünscht und visualisiert haben und bemerken gar nicht, daß sich unsere Wünsche erfüllt haben. Loben Sie sich also selbst ein wenig, seien Sie stolz auf Ihre Leistung und vergessen Sie nicht, dem Universum für die Erfüllung Ihrer Wünsche zu danken.

Kreatives Visualisieren kann nur Gutes bewirken

Sie brauchen nicht zu befürchten, daß kreatives Visualisieren zu verderblichen Zwecken mißbraucht werden kann. Es ist ein Weg, wie wir Barrieren wegräumen oder auflösen können, die wir selbst dem von Natur aus harmonischen, verschwenderischen und liebevollen Fluß des Universums entgegengestellt haben. Als richtig wirkungsvoll erweist sich schöpferisches Visualisieren erst, wenn wir es in Übereinstimmung mit unseren edelsten Zielen und Absichten anwenden, zum höchsten Wohl aller Lebewesen.

Wenn jemand versuchen sollte, diese wirkungsvolle Methode auf zerstörerische Weise für selbstsüchtige Zwecke einzusetzen, würde er damit lediglich beweisen, daß er das Gesetz des Karma nicht kennt. Dieses Gesetz ist ebenso ein Grundprinzip wie das Gesetz der Ausstrahlung und Anziehung. »Was du säst, wirst du ernten.« Egal, was Sie anderen wünschen, es wird auch Ihnen geschehen. Dies ist sowohl bei liebevollen, hilfreichen oder heilsamen, als auch bei negativen, zerstörerischen Taten zutreffend. Je mehr Sie im selben Maß wie für sich kreatives Visualisieren anwenden, um andere zu lieben und ihnen zu helfen, um so mehr Liebe, Glückseligkeit und Erfolg werden Sie selbst erfahren.

Um sicherzugehen, daß Ihnen das bewußt ist, können Sie jede Visualisierungsübung mit folgendem Satz abschließen:

»Dies oder etwas Besseres manifestiert sich nun für mich auf völlig befriedigende und harmonische Weise, zum Wohl aller Beteiligten.«

Ein Beispiel: Sie visualisieren, in Ihrem Beruf befördert zu werden. Stellen Sie sich nun nicht vor, daß Ihre Vorgesetzte/Ihr Vorgesetzter entlassen wird, sondern stellen Sie sich vor, wie sie oder er sich anderen, besseren

Dingen zuwendet oder eine bessere Stelle bekommt, die sie/ihn mehr ausfüllt, so daß das Wohl aller sichergestellt ist. Sie brauchen gar nicht zu verstehen oder Überlegungen anzustellen, *wie* das geschehen wird; gehen Sie einfach davon aus, daß sich alles zum besten wenden wird, und überlassen Sie es der universellen Intelligenz, die Einzelheiten zu erledigen.

Affirmationen

Eines der wichtigsten Elemente der kreativen Visualisierung sind die Affirmationen. Affirmation (lat. ›firmus‹ = fest, stark, kräftig) bedeutet Bejahung, Bekräftigung, Bestätigung, Zustimmung, Versicherung. Eine Affirmation sagt entschieden und unzweifelhaft aus, daß etwas *schon jetzt* so oder so ist.

Die meisten von uns sind sich der Tatsache bewußt, daß sich in unseren Köpfen fast ununterbrochen ein innerer Dialog abspielt. Der Verstand ist damit beschäftigt, mit sich selbst zu ›reden‹. Er gibt unaufhörlich endlose Erklärungen ab, über das Leben, die Welt, unsere Gefühle, unsere Probleme, andere Menschen etc.

Worte und Vorstellungen, die sich durch unser Denken ziehen, sind sehr wichtig. Meistens nehmen wir diese Gedankenflut bewußt gar nicht wahr, und dennoch: die Grundlage für die Art und Weise, wie wir unsere Wirklichkeit erfahren, ergibt sich aus dem, was wir uns innerlich ›selbst erzählen‹. Dieser innere Kommentar beeinflußt und prägt unsere Gefühle und die Wahrnehmung dessen, was in unserem Leben passiert, und es ist unser Gedankensystem, das letzten Endes dafür verantwortlich ist, was uns geschieht und was wir erleben.

Jeder, der meditiert, weiß, wie schwierig es sein kann, dieses innere ›Sprechen im Kopf‹ verstummen zu lassen, um mit unserer tiefsinnigeren, weiseren Intuition in Kontakt zu kommen. Es gibt eine traditionelle Meditationsübung, bei der man einfach den inneren Dialog so unbeteiligt wie möglich beobachtet.

Das ist eine sehr wertvolle Erfahrung, denn dadurch wird Ihnen vollkommen bewußt, welche Art von Gedanken Sie gewöhnlich denken. Viele dieser Gedanken sind wie Tonbandaufnahmen von alten Mustern, die uns das ganze Leben begleitet haben. Es sind alte, selbstgewählte ›Programmierungen‹, die sich schon lange Zeit in uns abspulen und immer noch unsere Gegenwart beeinflussen.

Mit Hilfe von Affirmationen können wir allmählich das abgedroschene und fade Geplapper in unserem Kopf durch positivere Ideen und Gedanken ersetzen. Diese wirkungsvolle Technik kann innerhalb kurzer Zeit unsere Einstellungen und Erwartungen dem Leben gegenüber völlig umwandeln und damit auch von Grund auf verändern, was wir uns selbst erschaffen.

Affirmationen kann man schweigend machen, laut aussprechen, niederschreiben und sogar singen. Wirkungsvolle Affirmationen, nur 10 Minuten täglich gemacht, können jahrelange Denkgewohnheiten ändern. Selbstverständlich werden Sie Ihre Wirklichkeit um so positiver gestalten können, je häufiger Ihnen bewußt wird, was Sie sich ›selbst erzählen‹ und je mehr positive, inspirierende Worte und Gedanken Sie wählen.

Jede positive Aussage kann eine Affirmation sein. Sie kann sehr allgemein oder ganz fest umrissen sein. Es gibt eine unbegrenzte Anzahl von möglichen Affirmationen; hier sind ein paar, damit Sie eine Vorstellung davon bekommen:

Mir geht es jeden Tag und in jeder Hinsicht immer besser und besser.
Alles kommt leicht und mühelos zu mir.
Ich bin ein strahlendes Wesen, voller Licht und Liebe.
Ich bin von Natur aus erleuchtet.
Mein Leben ist wie eine Blüte in höchster Vollkommenheit.
Ich genieße mein Hier und Jetzt, und alles, was ich dazu brauche, ist schon da.
Ich bin der Meister meines Lebens.
Alles, was ich brauche, ist schon in mir.
In meinem Herzen ist vollendete Weisheit.
Ich bin ganz und vollkommen.
Ich mag und liebe mich, so wie ich bin.
Ich nehme all meine Gefühle als Teil von mir selbst an.
Ich liebe es, zu lieben und geliebt zu werden.
Je mehr ich mich selbst liebe, desto mehr kann ich auch andere lieben.
Ich gebe und empfange Liebe mit offenem Herzen.
Ich habe nun liebevolle, befriedigende und glückliche Beziehungen.
Meine Beziehung mit ________ wird jeden Tag glücklicher und erfüllt mich immer mehr.
Ich habe nun eine ideale, befriedigende und gutbezahlte Arbeit.
Ich mache meine Arbeit gern und werde reichlich entlohnt, ideell und finanziell.

Ich bin ein offener Kanal, durch den schöpferische Energie fließt.
Ich gehe voll aus mir heraus.
Ich teile mich anderen immer klar und verständlich mit.
Ich habe jetzt genug Zeit, Energie, Verstand und Geld, um all meine Wünsche zu erfüllen.
Ich bin immer am richtigen Ort zur richtigen Zeit und mache mit Erfolg genau das Richtige.
Es ist in Ordnung für mich, alles zu haben, was ich mir auch wünsche.
Das Universum ist reich, und es ist genug für uns alle da.
Überfluß ist ganz selbstverständlich für mich. Ich nehme ihn jetzt an.
Unermeßliche Reichtümer fließen jetzt ungehindert in mein Leben.
Ich werde jeden Tag finanziell wohlhabender.
Je mehr ich habe, desto mehr kann ich geben.
Je mehr ich gebe, desto mehr bekomme ich und desto glücklicher bin ich.
Es ist in Ordnung für mich, Spaß zu haben und mich zu amüsieren – ja!
Ich bin entspannt und in meiner Mitte. Ich habe für alles eine Menge Zeit.
Ich genieße nun alles, was ich tue.
Ich bin glücklich und selig, einfach weil ich lebe.
Ich strotze vor Gesundheit und bin strahlend schön.
Ich bin bereit, alle Segnungen dieses überreichen Universums zu empfangen.

______________________________________ (Das Gewünschte bitte einsetzen!)
kommt zu mir (entwickelt sich, ergibt sich, entsteht für mich, gelingt mir) leicht und mühelos.
Einfach wunderbar: meine Arbeit, die Bezahlung und was ich alles leiste.
Das Licht Gottes in mir bringt jetzt und jederzeit Erfüllung in mein Leben.
Das Licht in mir läßt in meinem Leben hier und jetzt Wunder geschehen.
Ich danke für die göttliche Erneuerung meines Geistes und Körpers, meiner finanziellen Angelegenheiten und all meiner Beziehungen.
Alles in meinem Leben entwickelt sich nun zum Guten.
Ich lasse mich jetzt ganz auf den göttlichen Plan in meinem Leben ein.
Ich erkenne jetzt den göttlichen Plan in meinem Leben immer besser.
Ich nehme ihn an und verwirkliche ihn.
Ich sage nun ›danke‹ für mein Leben voller Gesundheit, Reichtum, Glückseligkeit und Selbst-Verwirklichung.

Hier einige wichtige Grundsätze, die bei der Arbeit mit Affirmationen zu beachten sind:

1. Formulieren Sie Affirmationen nicht in der Zukunfts-, sondern immer in der Gegenwartsform. Gehen Sie davon aus, daß etwas *jetzt bereits existiert*. Sagen Sie nicht »Ich werde eine wundervolle neue Arbeitsstelle bekommen«, sondern »Ich habe jetzt eine wundervolle neue Arbeitsstelle«. Sie belügen sich damit nicht selbst; Sie räumen nur ein, daß tatsächlich alles *zuerst* auf der gedanklich-geistigen Ebene erschaffen wird, bevor es in der objektiven Realität in Erscheinung tritt.

2. Formulieren Sie Affirmationen immer so positiv wie nur möglich. Bekräftigen Sie das, was Sie *möchten*, und nicht das, was Sie *nicht* möchten. Sagen Sie nicht »Ich verschlafe mich morgens nicht mehr«, sondern »Ich wache jeden Morgen rechtzeitig und voller Energie auf«. Positiver können Sie es gar nicht formulieren.

   Manchmal mag es Ihnen hilfreich erscheinen, Affirmationen negativ zu formulieren, vor allem dann, wenn Sie gerade daran arbeiten, sich von besonderen Gefühlsblockaden oder schlechten Gewohnheiten zu befreien; z. B. »Ich brauche mich nicht zu entspannen, um die Dinge zu einem guten Abschluß zu bringen«. *Machen* Sie aber *nach* dieser Art von Affirmation immer eine positive, die verdeutlicht, was Sie erreichen möchten, z. B. »Ich bleibe jetzt tief entspannt und in meiner Mitte, und alles gelingt mir mühelos«.

3. Im allgemeinen kann man sagen: Je kürzer und einfacher eine Affirmation ist, desto wirkungsvoller ist sie. Eine Affirmation sollte eine klare Aussage sein, die ein intensives Gefühl zum Ausdruck bringt; je stärker das Gefühl ist, desto stärker prägt es Ihr Denken. Affirmationen, die lang, weitschweifig und rein spekulativ sind, verlieren ihre emotionale Wucht und werden zu einem ›Kopftrip‹.

4. Wählen Sie immer Affirmationen, bei denen Sie fühlen, daß sie genau richtig sind für Sie. Was für einen Menschen gut ist, braucht noch lange nicht auch für einen anderen gut sein. Affirmationen sollten positiv, inspirierend, befreiend und/oder unterstützend sein. Wenn eine Affirmation, mit der Sie arbeiten, diese Eigenschaften nicht hat, sollten Sie versuchen, sie so zu formulieren, daß sie diesen Anforderungen gerecht wird, oder gleich eine andere finden.

Es ist natürlich, wenn Sie zunächst gegen jede Affirmation, die neu für Sie ist, einen gefühlsmäßigen Widerstand spüren. Dies ist besonders dann der Fall, wenn sie tatsächlich etwas anrührt in Ihnen und eine echte Veränderung in Ihrem Bewußtsein bewirkt. Es ist einfach der anfängliche Widerstand des Egos gegenüber Veränderung und Wachstum.

5. Denken Sie immer daran, wenn Sie Affirmationen machen, daß Sie dadurch etwas Neues und bisher Unbekanntes entstehen lassen. *Sie versuchen nicht, Altes zu wiederholen, oder zu verändern, was schon ist.* Das würde bedeuten, sich dem zu widersetzen, was *ist*, was wiederum Konflikt und Kampf verursacht.

   Nehmen Sie einfach Ihr Leben so an, wie es in diesem Augenblick ist, und setzen Sie sich mit dem auseinander, was in Ihrem Leben schon da ist. So bietet jeder Augenblick eine neue Gelegenheit, genau das zu erschaffen, was Sie möchten, und Sie werden der glücklichste Mensch sein.

6. Mit Affirmationen sollen Ihre Gefühle oder Emotionen keineswegs *bestritten* werden, und es soll auch nicht *versucht werden, sie zu ändern.* Wichtig ist es, daß Sie *all* Ihre Gefühle, einschließlich der sogenannten ›negativen‹, annehmen und spüren, ohne sie ändern zu wollen. Gleichzeitig können Ihnen Affirmationen helfen, das Leben gleichsam mit neuen Augen zu sehen. Sie machen immer öfter befriedigende Erfahrungen.

7. Bemühen Sie sich so intensiv wie möglich, eine Atmosphäre der Zuversicht entstehen zu lassen, wenn Sie Affirmationen machen. Lassen Sie sich darauf ein, daß sie wahr sein können. Setzen Sie Ihre Zweifel und Ihre Bedenken zeitweilig (wenigstens für ein paar Minuten) außer Kraft, und legen Sie Ihre ganze intellektuelle und emotionale Energie in die Affirmationen.

   Machen Sie eine Klärungsübung, oder fixieren Sie Affirmationen schriftlich, wie es im vierten Teil dieses Buches vorgeschlagen wird, wenn Zweifel, Widerstände oder negative Gedanken auftauchen, während Sie mit Affirmationen arbeiten.

   Versuchen Sie lieber, anstatt Affirmationen rein mechanisch herzusagen, ein Gefühl dafür zu bekommen, daß Sie wirklich die Kraft haben, die gewünschte Realität zu erschaffen (was Sie ja schon machen). Das ist ganz entscheidend dafür, wie wirkungsvoll Affirmationen sind.

Sie können Affirmationen machen und dabei visualisieren oder sich etwas bildlich vorstellen oder Sie können darauf verzichten. Affirmationen sollten aber immer ein fester Bestandteil Ihrer regelmäßigen Visualisierungsübungen sein.

Affirmationen sind oft höchst wirkungsvoll und inspirierend, wenn sie sich auf spirituelle Quellen beziehen. Das Erwähnen von Gott, Christus, Buddha oder eines anderen großes Meisters gibt Ihrer Affirmation zusätzlich spirituelle Energie und erkennt die universale Quelle aller Dinge an. Sie können auch ›göttliche Liebe‹, das ›Licht in mir‹ oder ›universale Intelligenz‹ sagen, wenn Ihnen eine andere Ausdrucksweise lieber ist.

Hier einige Beispiele:

Göttliche Liebe ist durch mich hier und jetzt wirksam, um dies entstehen zu lassen.
Christus in mir vollbringt hier und jetzt Wunder in meinem Leben.
Ich bin mit meiner wahren Natur eins und habe unbegrenzte schöpferische Kräfte.
Mein höheres Selbst leitet mich in allem, was ich tue.
Gott wohnt in mir und manifestiert sich durch mich in der Welt.
Das Licht Gottes umgibt mich, die Liebe Gottes macht mich offen, die Kraft Gottes durchströmt mich.
Gott ist überall, wo ich bin, und alles ist gut.

Ein spirituelles ›Paradox‹

Menschen, die mit östlicher Philosophie vertraut sind oder eine Erweiterung ihres Bewußtseins anstreben, haben manchmal gewisse Bedenken, kreatives Visualisieren anzuwenden, wenn sie zum erstenmal davon hören. Ihr Konflikt rührt von dem *scheinbaren* Paradox her, das sie zwischen der Idee sehen, ›ganz im Hier und Jetzt zu sein‹, jegliches Verhaftetsein an die Dinge und Wünsche aufzugeben und loszulassen, und der anderen Idee, sich Ziele zu setzen und das zu verwirklichen, was man will im Leben. Ich sage *scheinbares* Paradox, denn in Wirklichkeit gibt es keinen Widerspruch zwischen den beiden Lehren, wenn sie auf einer tieferen Ebene verstanden werden. Beide sind wichtige Prinzipien, die man verstehen und leben muß, um ein bewußter Mensch zu werden. Ich möchte erklären, wie gut sie zusammenpassen. Lassen Sie mich darlegen, wie meiner Ansicht nach inneres Wachstum geschieht.

Die meisten Menschen in unserer Kultur wissen einfach nicht, wer sie wirklich sind. Sie haben zeitweilig ihre bewußte Verbindung mit ihrem höheren Selbst und deshalb auch das Gefühl für die eigene Stärke und die Verantwortung für ihr Leben verloren. Innerlich fühlen sie sich irgendwie hilflos; sie fühlen sich im Grunde machtlos, ihr Leben oder die Welt wirklich zu verändern und überkompensieren daher dieses innere Gefühl der Ohnmacht: Sie mühen sich ab und kämpfen sehr hart, um wenigstens einen *gewissen* Grad an Einfluß oder Kontrolle in ihrer Welt zu haben.

Auf diese Weise werden die Menschen sehr zielfixiert; sie kleben gefühlsmäßig an äußeren Dingen oder Menschen, ohne die sie ihrer Meinung nach nicht glücklich werden können. Sie fühlen, daß etwas in ihnen ›fehlt‹, und sind deshalb angespannt, ängstlich und unter Druck, versuchen dauernd, das Loch auszufüllen und die Welt draußen zu manipulieren, um das zu bekommen, was sie sich wünschen.

In diesem Seinszustand legen die meisten ihre Ziele fest und versuchen zu bekommen, was sie in ihrem Leben wollen. Leider gelingt ihnen das auf dieser Bewußtseinsebene überhaupt nicht … entweder sie legen sich selbst so viele Hindernisse in den Weg, daß es einfach *nicht* gelingen *kann,* oder sie erreichen *tatsächlich* ihre Ziele, nur um dann feststellen zu müssen, daß sie dadurch innerlich auch nicht glücklicher werden.

Wir erkennen dieses Dilemma in dem Augenblick, wo wir anfangen, einen spirituellen Weg zu gehen. Es wird uns klar, daß das Leben einfach mehr sein muß, und wir beginnen danach zu suchen.

Wenn wir auch auf unserer Suche viele verschiedene Erfahrungen machen und durch viele Prozesse gehen – wir werden immer mit uns selbst konfrontiert. Mit anderen Worten, wir bekommen wieder ein Gefühl dafür, was unser wahres Selbst ist, unsere gottähnliche Natur oder der universale Geist – all dies ist in jedem von uns. Durch diese Erfahrung entdecken wir schließlich unsere ganze spirituelle Kraft wieder, an Stelle der inneren Leere tritt ein Reichtum *von innen her*, und wir werden zu strahlenden Wesen, die das Licht und die Liebe, die aus unserem Inneren kommt, mit allen gemeinsam genießen, die in unserer Nähe sind.

Dieser Prozeß ist als Erleuchtung bekannt, und ich glaube, daß sich jedes Individuum in diesem Sinne ständig weiterentwickelt und diese Entwicklung erst dann abgeschlossen ist, wenn alle Lebewesen erleuchtet sind. Also sind wir alle gleichermaßen verantwortlich für unsere eigene Erleuchtung und für die Erleuchtung aller Lebewesen auf diesem Planeten …

Kehren wir aber zu unserem vermeintlichen Paradox zurück.

Wollen Sie von dem Zustand der Leere, des Besitzergreifens und Manipulierens wegkommen, heißt die allererste Lektion, die es zu lernen gilt: einfach *loslassen.* Entspannen Sie sich, hören Sie auf zu kämpfen, hören Sie auf, sich so anzustrengen, hören Sie mit dem Versuch auf, durch Manipulation von Dingen und Menschen das zu bekommen, was Sie möchten und brauchen. Ja, hören Sie ganz einfach auf, so viel zu *tun*, und erleben Sie für eine Weile, wie es ist, einfach *da zu sein.*

So entdecken Sie plötzlich, daß Sie wirklich total in Ordnung sind, Sie fühlen sich tatsächlich ganz wunderbar, wenn Sie sich so sein lassen, wie Sie sind, und wenn Sie die Welt so sein lassen, wie sie ist, ohne zu versuchen, die Dinge zu ändern. Das ist im wesentlichen die Erfahrung, im *Hier und Jetzt zu sein,* und das ist es, was in der buddhistischen Lehre unter ›Loslösung von irdischen Bindungen‹ verstanden wird. Es ist eine befreiende und grundlegende Erfahrung auf dem Weg zur Selbst-Erkenntnis.

Wenn Sie diese Erfahrung immer öfter machen, öffnet sich Ihnen der Zugang zu Ihrem höheren Selbst, und über kurz oder lang wird Sie eine Menge natürlicher kreativer Energie durchströmen. Sie erkennen immer mehr, daß Sie selbst es sind, der sein ganzes Leben und jede persönliche Erfahrung erschafft, und Sie bekommen ein Interesse daran, daß es Ihnen und anderen besser geht. Sie wollen Ihre Energie immer mehr auf die höchsten und wirklich lohnenden Ziele konzentrieren, die für Sie jederzeit Wirklichkeit sein können. Sie erkennen, daß das Leben im Grunde gut und reich ist und Spaß macht. Ihr natürliches Geburtsrecht heißt ›leben‹, und das bedeutet, ohne Kampf und Anstrengung zu bekommen, was Sie wirklich möchten. Hier kann schöpferisches Visualisieren enorm weiterhelfen.

Folgendes Bild wird das Ganze hoffentlich noch klarer machen:

Stellen wir uns vor, das Leben ist ein Fluß. Die meisten Menschen halten sich am Ufer fest und haben Angst davor, loszulassen und damit zu wagen, von der Strömung weitergetragen zu werden. An einem bestimmten Punkt muß jeder bereit sein, einfach loszulassen und dem Fluß zu vertrauen, daß er ihn sicher weiterträgt. An diesem Punkt lernen Sie, ›mit dem Fluß zu gehen‹ oder ›im Fluß zu sein‹, und es ist ein wunderbares Gefühl.

Wenn Sie sich einmal daran gewöhnt haben, in der Strömung des Flusses zu sein, können Sie vorausschauen und Ihren weiteren Kurs selbst bestimmen und sich den besten aussuchen, Gesteinsbrocken und Baumstümpfen ausweichen, entscheiden, welchem der vielen Flußläufe und -arme Sie folgen wollen, während Sie ›im Fluß bleiben‹.

Diese Analogie zeigt uns: Wir können unser Hier und Jetzt genießen, in und mit dem fließen, was ist, uns gleichzeitig bewußt zu unseren Zielen hinbewegen und Verantwortung dafür übernehmen, wie wir unser Leben gestalten.

Denken Sie auch daran, daß schöpferisches Visualisieren ein Instrument ist, das für jeden Zweck benutzt werden kann, einschließlich der eigenen Bewußtseinserweiterung. Es ist oft sehr hilfreich, wenn Sie sich beim schöpferischen Visualisieren vorstellen, entspannter, offener zu sein, zu fließen und im Hier und Jetzt zu leben und mit Ihrem innersten Wesen immer Kontakt zu haben.

Mögen Sie gesegnet sein mit allem, was Ihr Herz begehrt.

TEIL
2

Wie Sie kreatives Visualisieren nutzen können

Bittet, und es wird euch gegeben werden;
suchet, und ihr werdet finden;
klopfet an, und es wird euch aufgetan.
Denn jeder, der bittet, empfängt;
und wer sucht, der findet;
und wer anklopft, dem wird aufgetan
werden.

MATTHÄUS 7:7,8

Kreatives Visualisieren als fester Bestandteil Ihres Lebens

Wie aus dem ersten Teil hervorgeht, ist die Grundtechnik des kreativen Visualisierens nicht schwierig.

Nun ist es wichtig zu lernen, sie so anzuwenden, daß sie Ihnen auch wirklich nützt ... daß sie Ihnen hilft, Ihr Leben positiv zu verändern. Es ist von Vorteil, bestimmte Begriffe zu verstehen und einige weitere Techniken zu erlernen, kreatives Visualisieren wirkungsvoll nutzen zu können.

Das Wichtigste ist, kreatives Visualisieren oft anzuwenden, es zu einem festen Bestandteil Ihres Lebens zu machen. Die meisten finden es offenbar am günstigsten, wenn sie sich täglich wenigstens ein bißchen darin üben, besonders wenn sie erst damit anfangen.

Ich schlage vor, regelmäßig jeden Morgen nach dem Aufwachen und jeden Abend vor dem Schlafengehen (zu diesen Zeiten ist es am wirkungsvollsten) etwa fünfzehn Minuten lang Visualisierungsübungen zu machen. Auch die Mittagszeit ist dafür geeignet. Beginnen Sie Ihre Meditation immer mit tiefer Entspannung, und setzen Sie sie dann fort mit den Visualisierungen oder Affirmationen, die Sie machen wollen.

Es gibt viele verschiedene Arten zu visualisieren und es liegt ganz bei Ihnen, sie einfach mal auszuprobieren. Kreatives Visualisieren kann eine neue Art des Denkens, eine neue Art zu leben sein, doch es erfordert einige Übung.

Machen Sie Experimente damit in verschiedenen Situationen und verschiedenen Lebenslagen, und wenden Sie es so oft wie möglich an, um Probleme unterschiedlichster Art zu lösen. Stellen Sie sich selbst die Frage, ob Ihnen kreatives Visualisieren helfen könnte, wenn Sie spüren, daß Sie irgend etwas beunruhigt, verwirrt oder wenn Sie ein Problem entmutigt und enttäuscht sein läßt. Visualisieren Sie bei jeder passenden Gelegenheit. Seien Sie erfinderisch!

Seien Sie nicht entmutigt, wenn Sie mit dem kreativen Visualisieren nicht *sofort* absoluten Erfolg haben. Wie Sie wissen, müssen die meisten von uns negative Denkmuster überwinden, die sie über Jahre hinweg aufrechterhalten haben. Es braucht Zeit, einige dieser ›guten alten‹ Gewohnheiten zu ändern. Und viele von uns haben unterschwellige Gefühle und Einstellungen, die uns in dem Bemühen, bewußter zu leben, behindern.

Glücklicherweise ist kreatives Visualisieren von Natur aus eine so wirkungsvolle Methode, daß selbst fünf Minuten, in bewußter und positiver Meditation verbracht, Stunden, Tage, ja sogar Jahre, in denen negative Muster vorherrschten, ausgleichen können.

Seien Sie also geduldig. Sie haben ein Leben lang gebraucht, sich Ihre Welt so zu erschaffen, wie sie jetzt ist. Eine Veränderung muß nicht unbedingt sofort geschehen (obwohl es oft so ist). Mit Beharrlichkeit und der richtigen Einstimmung werden Sie so etwas wie Wunder in Ihrem Leben vollbringen.

In meinem Wachstumsprozeß waren für mich zwei Dinge überaus wichtig:

1. Regelmäßiges Lesen inspirierender und erbauender Bücher, die meine höchsten Ideale und Sehnsüchte in mir lebendig halten. Gewöhnlich liegt neben meinem Bett ein Buch, und ich lese darin täglich ein oder zwei Seiten. Viele meiner Lieblingsbücher sind in der Bibliographie aufgeführt.

2. Ein Freund/eine Freundin oder (was ideal wäre) ein Kreis von Freunden, die ebenfalls bewußter leben wollen, Sie unterstützen und Ihnen bei Ihren Bemühungen helfen können. In fortlaufenden oder auch einmaligen Kursen und Seminaren, die Bewußtseinserweiterung zum Thema haben, können sich die Teilnehmer auf diese Art gegenseitig unterstützen.

In den folgenden Kapiteln stelle ich viele verschiedene Techniken, Ideen, Übungen und Meditationen vor. Wählen Sie diejenigen aus, die Ihnen zusagen und Erfolg versprechen. Kreatives Visualisieren ist sehr vielschichtig, und jeder macht sich anders damit vertraut. Ich habe deshalb versucht, sehr vielfältige Übungen aufzunehmen. Es gibt Übungen, die für bestimmte Situationen wie geschaffen sind, während andere sich nicht dafür eigenen. Folgen Sie Ihrem Energiefluß und arbeiten Sie mit denen, die Sie ansprechen.

Ein Beispiel: Sie versuchen, in einer bestimmten Situation Affirmationen zu machen und merken, es geht einfach nicht und es sieht nicht danach aus, daß Sie etwas erreichen damit. In diesem Fall könnten Sie den Wunsch haben, eine Klärungsübung zu versuchen oder mit Ihrem höheren Selbst oder inneren Führer in Kontakt zu kommen und beide zu fragen, was Sie tun sollen.

Was einmal wirkt, braucht nicht immer zu wirken; was für eine Person gut ist, braucht nicht auch für eine andere gut zu sein. Haben Sie immer Vertrauen in sich selbst und Ihre eigenen inneren Impulse.

Spüren Sie, daß Sie etwas erzwingen wollen, sich mühsam vorankämpfen, sich abmühen und überanstrengen ... hören Sie auf damit.

Wenn Sie etwas positiver macht, befreit, öffnet, kräftigt und inspiriert, dann bleiben Sie dabei.

Sein, Tun und Haben

Das Leben umfaßt, um es sich sehr modellhaft vorzustellen, drei Ebenen, und wir können diese Ebenen Sein, Tun und Haben nennen.

Sein ist die grundlegende Erfahrung, zu leben und bewußt zu sein. Wir machen diese Erfahrung, vollkommen zu sein und in uns selbst zu ruhen, in tiefer Meditation.

Tun ist Bewegung und Aktivität und entsteht aus der natürlichen, schöpferischen Energie, die durch alles Lebendige fließt. Sie ist die Quelle unserer Lebenskraft.

Haben heißt, in Beziehung zu stehen mit anderen Menschen und Dingen im Universum. Es ist die Fähigkeit, Dinge und Menschen in unser Leben treten zu lassen und sie anzunehmen; unbefangen denselben Lebensraum miteinander zu teilen.

Sein, Tun und Haben sind wie ein Dreieck, bei dem alle Seiten einander stützen.

Sie stehen nicht in Konflikt miteinander.

Alle drei bestehen gleichzeitig.

Oft leben die Menschen ›verkehrt‹: sie versuchen mehr Dinge oder mehr Geld zu *haben*, um mehr *tun* zu können, was sie wollen, damit sie glücklicher *sind*.

Es funktioniert aber genau umgekehrt. Sie müssen zuerst *sein*, wer Sie wirklich sind, dann *tun*, was Sie tun müssen, um zu *haben*, was Sie möchten.

Der Zweck des kreativen Visualisierens ist folgender:

eine Verbindung zu unserem Sein herzustellen,
unser Tun zu intensivieren und zu fördern,
unser Haben zu vermehren und zu entfalten.

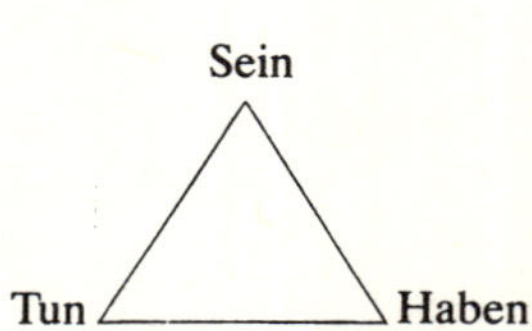

Drei wesentliche Faktoren

Der Erfolg des kreativen Visualisierens hängt immer von drei Faktoren ab:

1. *Der Wunsch.* Nehmen wir an, Sie haben sich entschieden, irgend etwas zu visualisieren. Nun müssen Sie auch wirklich den Wunsch haben, dies zu bekommen oder zu erschaffen. Unter Wunsch verstehe ich hier nicht ein süchtiges, Besitz ergreifendes Verlangen, sondern ein klares, starkes Gefühl, zielbewußt zu sein. Stellen Sie sich selbst die Frage: »Will ich ernsthaft, tief in meinem Herzen, dieses Ziel verwirklichen?«

2. *Der Glaube.* Je mehr Sie an das gesetzte Ziel und an die Möglichkeit, es zu erreichen, glauben, um so eher werden Sie Erfolg haben. Fragen Sie sich wieder: »Glaube ich wirklich an dieses Ziel?« und »Vertraue ich innerlich darauf, daß ich es verwirklichen oder erreichen kann?«

3. *Das Annehmen.* Sie müssen bereit sein, das Gesuchte *anzunehmen* und zu *behalten*, wenn Sie es gefunden haben. Manchmal verfolgen wir Ziele und wollen sie eigentlich gar nicht erreichen; es gefällt uns besser, sie bloß anzustreben. Stellen Sie die Frage: »Bin ich wirklich bereit, das Angestrebte vollständig *anzunehmen*?«

Diese drei Faktoren lassen sich in dem Begriff *Absicht (Intention)* zusammenfassen. Wenn Sie fest entschlossen sind, etwas zu verwirklichen – Sie begehren es leidenschaftlich, haben volles Vertrauen, daß es Ihnen gelingt und sind vollkommen bereit, es anzunehmen – ja, dann muß es sich einfach manifestieren, und zwar in der Regel sehr bald.

Je klarer und entschlossener Ihre Absicht ist, desto schneller und leichter wird Ihr schöpferisches Visualisieren von Erfolg gekrönt sein. Machen Sie sich immer klar, wie es um Ihre Absicht bestellt ist. Wenn sie schwach oder unsicher ist, so kann sie oft durch folgende Affirmation bekräftigt werden:

Ich bin nun fest entschlossen, dies hier und jetzt zu verwirklichen!

Ihr höheres Selbst

Die Erfahrung, von der ›Quelle‹ herzukommen, ist äußerst wichtig und läßt kreatives Visualisieren wirkungsvoll und erfolgreich werden.

Quelle bedeutet die Versorgung mit der grenzenlosen Liebe, Weisheit und Energie des Universums. Für Sie ist die Quelle vielleicht Gott, der universale Geist, die All-Einheit oder Ihr wahres Wesen. Gleichgültig, welche Begriffe wir dafür verwenden, die Quelle kann hier und jetzt in jedem von uns, in unserem innersten Sein entdeckt werden.

Ich stelle mir das Kontaktaufnehmen mit der Quelle gerne vor als Verbundensein mit dem höheren Selbst, dem gottähnlichen Wesen, das uns innewohnt. Charakteristisch für dieses Verbundensein ist ein intensives Gefühl von Wissen und Sicherheit, Kraft, Liebe und Weisheit. Sie erschaffen sich, wie Sie wissen, Ihre eigene Welt – Sie haben unbegrenzte Kraft, sie ganz makellos zu erschaffen.

Wir alle kennen die Erfahrung, mit unserem höheren Selbst verbunden zu sein, auch wenn wir sie nicht – wie wir es eben versucht haben – mit Worten beschrieben haben. Wenn Sie sich außergewöhnlich gut, klar und stark fühlen, wenn Ihnen ›die Welt zu Füßen liegt‹ oder wenn Sie ›Berge versetzen können‹, das sind Anzeichen dafür, daß Sie mit Ihrem höheren Selbst in Verbindung stehen; ebenso ist es mit der Erfahrung, sich zu verlieben ... wenn Sie mit sich selbst und der Welt im reinen sind, denn Ihre Liebe für einen anderen Menschen bewirkt, daß sich Ihr höheres Selbst manifestiert.

Wenn Sie die ersten bewußten Erfahrungen mit Ihrem höheren Selbst machen, werden Sie merken, daß es ziemlich sporadisch kommt und geht. Sie mögen sich stark, klar und schöpferisch fühlen, und im nächsten Augenblick kann es sein, daß Sie wieder in Verwirrung und Unsicherheit zurückfallen. Das ist ganz natürlich und gehört zum Entwicklungsprozeß. Sobald Sie von der Existenz Ihres höheren Selbst einmal wissen, können Sie es herbeirufen, wann immer Sie es brauchen, und allmählich werden Sie spüren, daß es immer häufiger bei Ihnen ist.

Die Verbindung zwischen Ihnen und Ihrem höheren Selbst ist ein Zwei-Weg-Kanal und es ist wichtig, daß ein Fließen in beide Richtungen entsteht.

Rezeptiv: Wenn Sie während einer Meditation ruhig werden und in einen Zustand des reinen Seins kommen, öffnen Sie den Kanal, so daß Ihnen Ihre Intuition höhere Weisheit und Führung zuteil werden läßt. Sie können Fragen stellen, und die Antworten werden mit Hilfe von Worten, inneren Bildern oder Gefühlseindrücken gegeben.

Aktiv: Sobald Sie sich als der Schöpfer Ihres Universums erleben, wählen Sie bewußt aus, was Sie erschaffen wollen. Sie setzen die unbegrenzte Energie, Macht und Weisheit Ihres höheren Selbst dafür ein, das Erwünschte durch aktives Visualisieren und Affirmationen zu manifestieren.

Erst wenn der Kanal in beiden Richtungen offen ist und ein ungehindertes Fließen stattfindet, werden Sie ständig von Ihrer höheren Weisheit geleitet. Auf dieser Grundlage treffen Sie Entscheidungen und können Ihre Ideal-Welt erschaffen.

Beinahe jede Form von Meditation verhilft Ihnen schließlich zu der Erfahrung, daß Sie Ihre eigene Quelle oder Ihr höheres Selbst sind. Machen Sie sich keine Sorgen, wenn Sie unsicher sind, welche Art von Erfahrung das ist. Führen Sie einfach Ihre Entspannungs-, Visualisierungs- und Affirmationsübungen weiterhin durch. Schließlich werden Sie gewisse Augenblicke während Ihrer Meditation erleben, wo es in Ihrem Bewußtsein ›klick‹ macht und Sie spüren, daß es wirklich klappt; vielleicht erleben Sie sogar, wie eine Menge Energie durch Sie hindurchströmt, oder Sie fühlen ein warmes, strahlendes Glühen in Ihrem Körper. Das sind Anzeichen dafür, daß Sie anfangen, die Energie Ihres höheren Selbst zu kanalisieren.

Hier ist eine Übung im kreativen Visualisieren, die Ihnen helfen wird, ein Gespür für diese Dinge zu entwickeln. Es ist empfehlenswert, diese Übung regelmäßig zu Beginn Ihrer Meditationsübung zu machen:

Sitzen oder liegen Sie bequem. Entspannen Sie sich völlig … lassen Sie alle Spannung aus Ihrem Körper und Bewußtsein … atmen Sie tief und langsam … entspannen Sie sich tiefer und tiefer.

Stellen Sie sich bildlich ein Licht in Ihrem Herzen vor – glühend, strahlend und warm. Spüren Sie, wie es sich ausbreitet und wächst –

wie es mehr und mehr aus Ihnen herausleuchtet, bis Sie eine goldene Sonne sind und Liebesenergie auf alles und jeden um Sie herum ausstrahlen.

Sagen Sie sich selbst leise und mit Überzeugung:
»Göttliches Licht und göttliche Liebe durchströmt mich und überträgt sich auf meine Umgebung.«

Sprechen Sie diesen Satz immer und immer wieder, bis Sie Ihre spirituelle Energie stark spüren können. Wenn Sie wollen, können Sie auch andere Affirmationen machen, die Ihre eigene Kraft, Ihr Licht und Ihre schöpferischen Fähigkeiten bekräftigen, zum Beispiel:

Gott wirkt in diesem Augenblick durch mich,
oder
Göttliches Licht und schöpferische Energie erfüllen mich,
oder
Das Licht in mir läßt in meinem Leben hier und jetzt Wunder geschehen,
oder andere Aussagen, die für Sie Sinn und Kraft haben.

Im Fluß sein

Wirkungsvoll wird kreatives Visualisieren erst dann, wenn es im Geist des Tao angewandt wird – ›mit dem Fluß gehen‹. Dies bedeutet, daß Sie sich nicht ›anzustrengen‹ brauchen, um dahin zu kommen, wo Sie hinwollen; teilen Sie dem Universum einfach klar mit, wohin Sie gehen wollen, und folgen Sie dem Strom des Lebensflusses, bis er Sie dort ankommen läßt. Der Lebensfluß macht auf dem Weg zu Ihrem Ziel manchmal Umwege. Zeitweilig mag er sogar scheinbar eine völlig andere Richtung einschlagen, auf lange Sicht jedoch gelangen Sie müheloser und problemloser ans Ziel, als dies durch Kampf und heftige Anstrengung der Fall wäre.

Sich dem Fließen überlassen heißt: Ziele gelassen verfolgen (selbst wenn sie sehr wichtig erscheinen mögen) und bereit sein, sie zu ändern, wenn sich etwas Besseres ergibt … die Zielsetzung klar im Auge behalten und dennoch auch all die schönen Erlebnisse unterwegs genießen und sogar bereit sein, die Zielsetzung zu ändern, wenn Sie das Leben in eine andere Richtung führt: Beides ist gleichermaßen wichtig. Kurzum: fest und doch beweglich sein.

Befürchten Sie, Ihr Ziel nicht zu erreichen (Sie sind sehr niedergeschlagen, falls es Ihnen nicht gelingt), dann arbeiten Sie eher gegen sich selbst. In Ihrer Angst, *nicht* zu bekommen, was Sie möchten, geben Sie im Grunde der Vorstellung, es nicht zu bekommen, ebensoviel oder sogar mehr Energie als dem Ziel selbst.

Spüren Sie, daß Sie zwanghaft ein Ziel verfolgen, kann es höchst wirkungsvoll und angebracht sein, Ihnen zuerst Klarheit zu verschaffen, welche Gefühle Sie zu der Sache haben. Sie müssen genau hinschauen, was Ihnen an der Vorstellung, Ihr Ziel *nicht* zu erreichen, Angst macht. Arbeiten Sie mit Affirmationen, damit Sie mehr Vertrauen und Sicherheit bekommen oder Ihren Ängsten ins Auge sehen können.

Zum Beispiel:

Das Universum ist vollkommen.
Ich brauche nichts festzuhalten.
Ich darf mich entspannen und loslassen.
Ich kann fließen.
Ich habe immer alles, was ich brauche, um mein Hier und Jetzt zu genießen.
Ich habe alle Liebe, die ich brauche, in meinem eigenen Herzen.
Ich bin liebenswert und gebe anderen meine Liebe.
Ich bin eins mit mir selbst.
Göttliche Liebe führt mich, und ich bin immer darin aufgehoben.
Das Universum meint es gut mit mir.

Hilfreich sind wohl auch einige der Klärungsübungen, die ich noch anführen werde. Und noch einmal verweise ich auf die von mir empfohlene Bücherliste. Sie kann Ihnen weiterhelfen und Anregungen geben.*

Natürlich ist es vollkommen in Ordnung, etwas zu visualisieren, was Sie unbedingt sofort haben wollen – und es klappt oft ganz gut. Aber wenn es nicht klappt, seien Sie sich im klaren darüber, daß Ihr eigener innerer Konflikt widersprüchliche Botschaften aussendet. In einem solchen Fall ist es wichtig, sich zu entspannen und seine Gefühle anzunehmen. Machen Sie sich mit der Vorstellung vertraut, daß Sie möglicherweise nicht sofort Ihr Ziel verwirklichen werden und wahrscheinlich am Konflikt selbst wachsen können. Und es bietet sich die wunderbare Gelegenheit, Ihre Lebenseinstellung genauer zu betrachten.

Haben Sie beim kreativen Visualisieren irgendwann das Gefühl, etwas *erzwingen* oder *mit Gewalt durchsetzen* zu wollen, so lassen Sie die Sache ein wenig ruhen und fragen Sie Ihr höheres Selbst, ob dies wirklich das Beste für Sie ist und ob Sie es aufrichtig möchten. Das Universum will Ihnen vielleicht etwas Besseres zeigen, was Sie sich nicht hätten träumen lassen.

* Siehe vor allem *Handbook to Higher Consciousness* von Ken Keyes jun. und *Mystic Path to Cosmic Power* von Vernon Howard.

Wohlstandsprogramm

Einen sehr wichtigen Teil des kreativen Visualisierens bildet das Wohlstandsprogramm. Auf Wohlstand programmiert zu sein heißt einsehen oder davon ausgehen, daß im Universum alles in verschwenderischer Fülle vorhanden ist … das Universum ist ein Füllhorn mit allem, was sich Ihr Herz nur wünschen kann, sowohl auf der materiellen als auch auf der emotionalen, geistigen und spirituellen Ebene. Alles, was Sie brauchen oder haben wollen, ist da; Sie müssen nur darauf *vertrauen*, es wirklich *wollen* und bereit sein, es *anzunehmen*, um zu bekommen, was Sie sich wünschen.

Es gibt einen ganz einfachen Grund, warum Sie nicht bekommen, was Sie möchten: das ›Mangelprogramm‹. Dabei handelt es sich um eine Lebenseinstellung oder ein Glaubenssystem. Das hört sich dann etwa so an:

Ich bekomme zu wenig …
Leben heißt leiden …
Es ist unmoralisch oder egoistisch, viel zu besitzen, wenn andere zu wenig haben …
Das Leben ist hart, schwer und ein Jammertal …
Man muß um alles hart arbeiten, und es wird einem nichts geschenkt …
Es ist edler und gottgefälliger, arm zu sein …
usw.

Diese Glaubenssätze sind alle falsch. Sie lassen mangelnde Einsicht in die Gesetzmäßigkeiten des Universums oder eine falsche Auslegung einiger wichtiger spiritueller Grundsätze erkennen. Diese Glaubenssätze nützen Ihnen nichts und auch sonst niemandem; sie hindern uns nur daran, zu erkennen, daß *wir alle* von Natur aus auf allen Ebenen glücklich und reich sind.

Gegenwärtig ist für viele Menschen Hunger und Armut eine Realität, *aber wir brauchen diese Realität nicht immer wieder neu zu schaffen und fortzusetzen.*

Tatsache ist, daß mehr als genug für jedes Lebewesen auf dieser Erde da ist, wenn wir uns dieser Möglichkeit nicht verschließen. Das Universum *ist* voller Überfluß, wir alle sind von Natur aus überreich – materiell und auch spirituell. Jene, die nicht finden, daß ihr Dasein reich und erfüllt ist, sind wohl mehr auf Mangel als auf Überfluß programmiert. Sie haben sich aus Unwissenheit dem landläufigen Glauben an die Unvermeidlichkeit von Armut und Mangel verschrieben und merken nicht, daß wir alle über größte schöpferische Kräfte verfügen.

Diese Erde ist in Wahrheit ein unendlich guter und schöner Ort, der uns ernährt und wo wir gut leben können. Das einzige ›Übel‹ besteht darin, daß wir diese Wahrheit nicht verstehen. Das Übel (Unwissenheit) ist wie ein Schatten, der bekanntlich keine eigene Substanz hat – es fehlt einfach Licht. Sie können einen Schatten nicht verschwinden lassen, indem Sie gegen ihn ankämpfen, auf ihm herumtrampeln, ihn verfluchen, auch nicht durch irgendeine andere Form von emotionalem oder körperlichem Widerstand. Nur Licht läßt einen Schatten verschwinden.

Werfen Sie einen Blick auf Ihr Glaubenssystem und überprüfen Sie, ob Sie Zweifel am universalen Guten haben und Sie sich damit selbst beschneiden. Können Sie sich im Augenblick realistisch vorstellen, daß Sie ein erfolgreicher, befriedigter, glücklicher, erfüllter Mensch sind? Lassen Sie wirklich die Güte, Schönheit und Fülle, die Sie immer und überall umgibt, in sich hinein? Können Sie sich die Erde als glückliche, blühende und erleuchtete Welt vorstellen, in der jeder prächtig leben kann?

Solange Sie nicht davon überzeugt sind, daß die Erde ein guter Ort ist, wo jeder gut leben könnte, wird es Ihnen auch schwerfallen, Ihre persönlichen Wünsche zu erfüllen.

Im Menschen ist im Grunde viel Liebe. Deshalb wollen wir unsere Wünsche nicht verwirklichen, solange wir glauben, anderen dadurch etwas wegzunehmen.

Eines muß uns ganz bewußt sein: Zu haben, was wir uns im Leben wünschen, trägt zum Glück aller Menschen bei und hilft anderen, selbst glücklicher zu sein. Versuchen Sie aus Spaß folgende Übung, um Ihre Phantasie anzuregen und Ihre Fähigkeit, ›alles zu haben‹, zu entwickeln.

Füllhorn-Meditation

Nehmen Sie eine bequeme Haltung ein und entspannen Sie sich völlig: Stellen Sie sich vor, Sie sind draußen in der Natur in einer entzückenden Gegend – vielleicht auf einer grünen, freien Wiese mit einem wunderschönen Bach oder auf weißem Sand am Meer. Lassen Sie sich Zeit, und stellen Sie sich alles genau vor. Sehen Sie sich selbst, wie Sie es total genießen und daran Gefallen finden. Nun fangen Sie an, spazierenzugehen, und finden sich bald in einer ganz anderen Umgebung wieder, vielleicht in einem wogenden, goldfarbenen Kornfeld, oder Sie schwimmen gerade in einem See. Gehen Sie auf eine Forschungsreise, und entdecken Sie immer mehr ausnehmend schöne Landschaften von großer Vielfalt – Berge, Wälder, Wüsten, lassen Sie Ihrer Phantasie freien Lauf. Nehmen Sie sich etwas Zeit, um alles voll in sich aufzunehmen …

Stellen Sie sich vor, Sie fahren mit einem Boot durch ein tropisches Paradies mit üppiger Vegetation und herrlichen Früchten an den Bäumen. Oder stellen Sie sich vor, wie Sie zu einem riesigen Schloß kommen, wo man Sie mit einem prachtvollen Fest, Musik und Tanz willkommen heißt. Sie werden zu einer riesigen Schatzkammer geführt, wo man Ihnen die ausgesuchtesten Juwelen, wertvolle Metalle, prunkvolle Gewänder überreicht – mehr als Sie je gebrauchen können. Überlassen Sie sich Ihrer Phantasie, und sehen Sie sich durch die Welt wandern und alles finden oder bekommen, was Sie sich je gewünscht haben und noch viel mehr. Ihre kühnsten Träume werden übertroffen.

Stellen Sie sich die Welt als ein verschwenderisches Paradies vor, wo jeder, dem Sie begegnen, in der gleichen Fülle und dem gleichen Überfluß lebt wie Sie.

Genießen Sie es so intensiv wie nur möglich. Besuchen Sie andere Planeten, wenn Sie möchten, und entdecken Sie auch dort wunderbare Dinge. Die Möglichkeiten sind unbegrenzt! Kehren Sie schließlich nach Hause zurück, glücklich und zufrieden, und denken Sie darüber nach, daß das Universum tatsächlich ein Ort unglaublicher Wunder und des Überflusses ist.

Affirmationen

Dieses Universum ist reich, und es ist genug für uns alle da.

Überfluß gehört zu meiner innersten Natur. Ich nehme ihn voller Freude an.

Gott ist eine unerschöpfliche, unversiegbare Quelle, die mich mit allem versorgt, was ich brauche.

Ich verdiene es, erfolgreich und glücklich zu sein. Ich bin jetzt erfolgreich und glücklich.

Je erfolgreicher ich bin, desto mehr habe ich und kann andere daran teilhaben lassen.

Das Universum ist voller Überfluß.

Ich bin nun bereit, Freude und Glück in meinem Leben anzunehmen.

Ich fühle mich nun dafür verantwortlich, die Welt für alle Menschen zu einem glücklichen Ort voller Überfluß zu machen.

Ich habe leicht und mühelos finanziellen Erfolg.

Ich genieße jetzt großen finanziellen Wohlstand.

Das Leben macht mir Spaß, und ich genieße es jetzt in vollen Zügen.

Ungeheure Reichtümer fallen mir jetzt wie von selbst in den Schoß.

Ich bin im Inneren und im Äußeren reich.

Ich habe jetzt mehr als genug Geld für meinen persönlichen Bedarf.

Ich habe nun ein ausreichendes Monatseinkommen.

Ich werde jeden Tag finanziell wohlhabender.

Ich bin reich, glücklich und fühle mich wohl.

Nehmen Sie das Gute in Ihnen an

Um mit kreativem Visualisieren Ihre Lebenswünsche verwirklichen zu können, müssen Sie das Beste, was Ihnen das Leben zu bieten hat – das ›Gute in Ihnen‹ – auch tatsächlich *annehmen* wollen und können.

So merkwürdig es auch klingen mag, viele von uns haben Schwierigkeiten, es für möglich zu halten, im Leben das zu erreichen, was sie möchten. Die Ursache dafür ist gewöhnlich das Grundgefühl, einer Sache nicht würdig zu sein; dieses Grundgefühl entwickeln wir bereits im Kindesalter. Die Grundüberzeugung läßt sich etwa so in Worte fassen: »Ich bin wirklich kein sehr guter (liebenswerter) Mensch, deshalb verdiene ich nicht das Beste. Ich bin es einfach nicht wert.«

Diese Überzeugung ist in der Regel gemischt mit anderen, manchmal widersprüchlichen Gefühlen: daß Sie in Wahrheit vollkommen gut und es eben doch wert sind. Aber wenn Sie merken, daß Ihnen die Vorstellung schwerfällt, ein faszinierendes Leben zu führen, oder daß Sie Gedanken haben wie »Das könnte ich nie haben« oder »Das würde *mir* ganz bestimmt nicht passieren«, so ist es ratsam, mehr auf Ihr Selbst-Bild zu achten.

Ihr Selbst-Bild ist die Art, wie Sie sich selbst sehen und welches Gefühl Sie zu sich haben. Es ist oft vielschichtig und hat viele Facetten. Um einen Bezug zu den verschiedensten Aspekten Ihres Selbst-Bildes herzustellen, können Sie sich jederzeit und in ganz unterschiedlichen Situationen fragen: »Was halte ich jetzt im Augenblick von mir?« Werden Sie sensibel dafür, welche Vorstellungen und Bilder Sie von sich selbst haben.

Sehr interessant ist es, durch die Frage »Wie empfinde ich jetzt mein Aussehen?« einen Hinweis zu bekommen, wie Sie Ihren eigenen *Körper* sehen. Wenn Sie sich plump, häßlich, dick, dürr, zu groß, zu klein usw. finden, dann kann das ein Anhaltspunkt dafür sein, daß Ihre Selbstliebe nicht groß genug ist, um Ihnen das zu geben, was Sie ehrlich verdienen – das Beste. Ich stelle oft mit Erstaunen fest, wie viele makellos schöne, attraktive Menschen sich häufig für häßlich, unwürdig und minderwertig halten.

Affirmationen und kreatives Visualisieren eignen sich vorzüglich dafür, ein positiveres und liebenswerteres Selbst-Bild aufzubauen. Nehmen Sie jede Gelegenheit wahr, sich selbst positive, anerkennende, liebevolle Dinge zu sagen. Achten Sie darauf, wann Sie innerlich hart oder kritisch mit sich selbst umgehen, und seien Sie ganz bewußt freundlicher zu sich selbst. Haben Sie sich einfach gern! Dies wird Ihnen unmittelbar und spürbar helfen, auch zu anderen liebevoller zu sein.

Denken Sie an besondere Eigenschaften, die Sie an sich mögen. Wie Sie einen guten Freund/eine gute Freundin lieben können, obwohl Sie seine/ihre Fehler und Unzulänglichkeiten klar sehen, so können Sie sich selbst lieben, wie Sie sind, und sich im gleichen Augenblick bewußt sein, daß es Wege gibt, die Sie für Ihr Wachstum und Ihre Entwicklung brauchen. Das tut Ihnen sehr gut, und es kann in Ihrem Leben wahre Wunder vollbringen.

Sagen Sie sich:

Ich bin schön und liebenswert.
Ich bin freundlich und liebevoll und habe anderen sehr viel zu geben.
Ich bin begabt, intelligent und schöpferisch.
Ich werde jeden Tag attraktiver.
Ich verdiene das Allerbeste im Leben.
Ich habe eine Menge anzubieten, und alle wissen es sehr zu schätzen.
Ich liebe die Welt, und die Welt liebt mich.
Ich bin bereit, glücklich und erfolgreich zu sein.

... oder andere Formulierungen, die Ihnen passend und hilfreich erscheinen. Es ist oft sehr wirkungsvoll, diese Art von Affirmationen in der zweiten Person zu machen und Ihren eigenen Namen einzusetzen:

»Susanne, du bist eine hochbegabte und interessante Persönlichkeit. Ich mag dich sehr.«

»Hannes, du bist so warmherzig und liebevoll. Die anderen mögen das sehr an dir.«

Sich (so wie hier) selbst direkt anzusprechen, ist besonders wirkungsvoll, weil uns schon in jungen Jahren von anderen überzeugend und auf vielfältige Weise vermittelt wurde, daß wir in gewisser Weise schlecht, dumm oder unzulänglich sind. Hier liegen die Gründe für unser negatives Selbst-Bild.

Stellen Sie sich möglichst deutlich vor, daß Sie sich selbst genauso lieben wie einen anderen Menschen, an dem Ihnen etwas liegt. Es ist so, als ob der Vater oder die Mutter in Ihnen dem Kind in Ihnen Liebe und Zuneigung schenken würde. Sagen Sie sich:

»Ich liebe dich. Du bist ein sehr schöner Mensch. Ich mag deine Empfindsamkeit und Ehrlichkeit.«

Kreatives Visualisieren ist eine großartige Möglichkeit, an jedem körperlichen Problem, woran Sie zu leiden glauben, zu arbeiten. Fühlen Sie sich zum Beispiel zu dick, müssen Sie an zwei Sachen gleichzeitig arbeiten:

1. Lernen Sie, mit Hilfe von Affirmationen, sich *mehr als bisher* mit Hingabe zu lieben und zu schätzen.

2. Fangen Sie an, sich durch kreatives Visualisieren und Affirmationen so zu erschaffen, wie Sie *sein möchten* – schlank, topfit, gesund und glücklich. Diese Techniken sind hervorragend geeignet, echte Veränderungen herbeizuführen.

Eben diese beiden Techniken haben sich beim Bearbeiten von ›Problemen‹, die mit Ihrem Selbst-Bild zusammenhängen, bewährt.

Vergessen Sie nicht, Sie sind mit jedem neuen Augenblick ein neuer Mensch. Jeder Tag ist ein neuer Tag und bietet die Gelegenheit, sich selbst als den wunderbaren, liebevollen und liebenswerten Menschen zu erleben, der Sie in Wirklichkeit sind …

Es ist nützlich, darüber hinaus Affirmationen zu machen, die Ihnen helfen, sich dem Universum zu öffnen und die Güte des Universums anzunehmen.

Zum Beispiel:

Ich bin offen für all die Wohltaten dieses verschwenderischen Universums.

Alles Gute fällt mir leicht und mühelos in den Schoß.
(Sie können für ›alles Gute‹ auch die folgenden Begriffe einsetzen: zum Beispiel Liebe, Kreativität, eine ideale Beziehung.)

Ich nehme das Gute in mir an. Es ist hier und jetzt schon da.
Ich verdiene das Beste, und das Beste ist jetzt schon für mich da.
Je mehr ich bekomme, desto mehr kann ich geben.

Hier ist eine Meditation, die Sie machen können, um Ihr Selbst-Vertrauen zu stärken. Das Universum wartet nur darauf, Ihnen seine Liebe und Energie zu schenken.

Folgende Meditation hilft Ihnen, damit viel besser umgehen zu können:

Meditation zur Selbst-Liebe

Stellen Sie sich vor, jemand [ein Bekannter, eine Bekannte oder auch Unbekannte(r)] sieht Sie in einer ganz alltäglichen Situation voller Liebe und Bewunderung an und sagt Ihnen, was alle an Ihnen wirklich mögen. Nun stellen Sie sich weiter vor, es kommen noch ein paar Leute hinzu, die auch davon überzeugt sind, daß Sie ein wahrhaft großartiger Mensch sind. (Lassen Sie es einfach zu, lassen Sie es geschehen, auch wenn es Sie verlegen macht.) Sehen Sie, wie immer mehr Menschen herbeieilen und Sie bewundern. Aus ihren Augen spricht tiefe Liebe und Hochachtung. Stellen Sie sich vor, Sie sind bei einer Parade oder auf einer Bühne und Menschenmassen, die Sie alle lieben und verehren, jubeln Ihnen zu und klatschen. Hören Sie den Applaus in Ihren Ohren klingen. Stehen Sie auf, verbeugen Sie sich, und danken Sie ihnen für ihre Unterstützung und Zuneigung.

Einige Affirmationen:
Ich liebe mich und nehme mich hundertprozentig so an, wie ich bin.
Ich brauche mich nicht bemühen, anderen zu gefallen. Ich mag mich, und darauf kommt es an.
Ich fühle mich phantastisch, wenn ich unter Menschen bin.
Mir fällt es leicht, ungehemmt und voll aus mir herauszugehen.
Ich bin ein dynamischer, liebevoller und schöpferischer Mensch.

Fließen Sie über

Ein weiteres wesentliches Prinzip heißt ›geben‹ oder ›teilhaben lassen‹. Das Universum besteht aus reiner Energie, die von Natur aus dauernd in Bewegung ist. Leben ist ständige Veränderung, ein ständiges Fließen. Haben wir das einmal verstanden, schwingen wir im Rhythmus des Lebens und können frei geben und nehmen in der Gewißheit, daß wir nie etwas wirklich verlieren können, sondern immer nur hinzugewinnen.

Sobald wir die Wohltaten des Universums immer mehr *annehmen* können, ist es für uns ganz natürlich, auch andere daran *teilhaben zu lassen*. Wir spüren nämlich: je mehr wir mit unserer Energie nach außen gehen, desto mehr Platz haben wir für neue Energie.

Wir unterbrechen diesen wunderbaren Energiefluß, wenn wir aus Unsicherheit (Angst) und aus dem Gefühl heraus, daß ›nicht genug da ist‹, an dem, was wir haben, kleben und es nicht loslassen wollen. Dadurch bringen wir die Energie zum Stocken und neue Energie hat dann keinen Platz in uns.

Energie kann viele Formen annehmen: Liebe, Zuneigung, Verständnis und Anerkennung, materieller Besitz, Geld, Freundschaft usw. Die weiter oben angeführten Prinzipien gelten für all diese Formen gleichermaßen.

Wenn Sie sich nach Menschen umsehen, die sehr unglücklich sind, so werden Sie oft Leute finden, die sich irgendwie ›ausgehungert‹ fühlen und deshalb habgierig sind. Sie spüren, daß ihnen das Leben im allgemeinen und andere Menschen im besonderen nicht geben, was sie brauchen. Es ist, als ob sie das Leben im Würgegriff hätten und verzweifelt versuchten, die zutiefst ersehnte Liebe und Erfüllung herauszupressen, sich dadurch aber selbst würgen. Und viele von uns haben diese Tendenz.

Erst wenn wir in uns eine gewisse Großzügigkeit zulassen können, beginnen wir den Fluß in eine andere Richtung zu lenken. Echtes Geben geschieht nicht aus Opferbereitschaft, Selbstgerechtigkeit oder Frömmigkeit, sondern aus reinem *Vergnügen* – weil es Spaß macht. Es kann nur aus einem vollen und liebenden Herzen kommen.

Wir alle haben unendlich viel Liebe und Glückseligkeit in uns. Wir haben uns an den Gedanken gewöhnt, daß wir äußere Dinge bekommen müssen, um glücklich zu sein, aber in Wahrheit verhält es sich umgekehrt: Wir müssen lernen, mit unserer inneren Quelle, die uns Glückseligkeit und Erfüllung schenkt, Verbindung aufzunehmen, sie nach außen leiten und andere daran teilhaben lassen – nicht weil eine solche Handlungsweise moralisch gut ist, sondern weil es uns guttut! Sind uns diese Dinge einmal besser vertraut, ist es für uns ganz selbstverständlich, dieses gute Gefühl mit anderen zu teilen, denn das ist das Wesen der Liebe, und wir alle sind Geschöpfe, die voller Liebe sind.

Lassen wir unsere Liebesenergie nach außen fließen, füllt sich das entstandene Loch mit mehr Energie. Allein dieser Vorgang bereitet uns nach kurzer Zeit sichtliches Vergnügen, und wir wollen ihn immer wieder erleben. Je mehr Sie aus dieser Gesinnung heraus von sich geben, desto mehr, so scheint es, gibt Ihnen die Welt – gemäß dem ›Geben und Nehmen‹-Prinzip. (Die Natur verabscheut Leere. Sie geben also etwas und schaffen damit Raum für etwas Neues.) Geben hat seinen Lohn in sich selbst.

Verstehen und leben wir das im Innersten, entfalten wir unser tiefstes Wesen, die Liebe.

Durch kreatives Visualisieren wird Ihnen klar; je freudiger Sie geben, desto leichter können Sie Ihre Träume erfüllen ... Denken Sie aber immer daran, daß Sie nicht pausenlos geben können, wenn Sie nicht ebenso bereit sind, zu nehmen ... und ›geben‹ heißt auch, sich selbst etwas zu geben.

Auch beim Geben gilt: Übung macht den Meister! Geben Sie und seien Sie bewußt ... und Sie werden merken, wie gut es Ihnen tut. Hier sind einige Übungen im Geben und Loslassen. Sie können sie ausprobieren, wenn Sie sich in diesem Bereich weiterentwickeln möchten:

1. *Machen Sie es sich zur Gewohnheit, anderen auf jede nur erdenkliche Weise mehr Verständnis entgegenzubringen. Setzen Sie sich jetzt gleich hin und notieren Sie die Namen derjenigen, denen Sie gerne Ihre Liebe und Zuneigung schenken würden. Lassen Sie sich etwas einfallen, wie Sie diese gute Idee schon innerhalb der nächsten Woche bei jedem einzelnen am besten in die Tat umsetzen können. Geben können Sie auf verschiedene Weise: mit Worten, einer Berührung, einem Geschenk, einem Telefonanruf oder Brief, mit Geld oder wenn*

Sie andere mit Ihren Talenten erfreuen. Entscheiden Sie sich für etwas, bei dem Sie ein besonders gutes Gefühl haben, selbst wenn es Sie etwas Überwindung kosten sollte.

Zeigen Sie den Menschen häufiger, daß Sie ihnen dankbar sind, finden Sie mehr Worte der Anerkennung und Bewunderung, wenn Ihnen danach ist. »Es war nett von dir, mir zu helfen.« »Ich schätze das, und ich möchte, daß du es weißt.« »Deine Augen glänzten und waren schön, als du das sagtest, und ich habe mich gefreut, dich zu sehen.« (Wir brauchen nicht verlegen zu werden!)

2. *Durchstöbern Sie Ihre Sachen! Sie finden bestimmt einiges, was Sie gar nicht haben wollen oder nicht oft benutzen. Geben Sie es anderen, die daran mehr Freude haben!*

3. *Geben Sie jeden Tag ganz* unnötig *etwas Geld aus, falls Sie ein Mensch sind, der versucht, mit möglichst wenig Geld auszukommen und immer eifrig auf der Suche nach Sonderangeboten ist. Kaufen Sie etwas teurer ein als sonst, gönnen Sie sich etwas Besonderes (es braucht nur eine Kleinigkeit zu sein), laden Sie einen Freund/eine Freundin zu einer Tasse Kaffee ein, spenden Sie für einen wohltätigen Zweck usw. Selbst eine so kleine Geste gibt Ihnen das Gefühl, daß Überfluß für Sie selbstverständlich ist. Affirmationen der Tat sind in diesem Fall so beredt wie Affirmationen des Wortes.*

4. *Verschenken Sie den Zehnten Ihres Einkommens. Vermachen Sie einen Prozentsatz Ihres Einkommens einer Kirche, spirituellen Organisationen oder anderen Gruppen, die in Ihren Augen wertvolle Arbeit für diese Welt leisten. Damit unterstützen Sie ihre Energie. Gleichzeitig erkennen Sie an, daß alles, was Sie bekommen, vom Universum (oder von Gott) kommt. Auf diese Weise geben Sie es der universalen Quelle als Zeichen des Dankes wieder zurück. Es spielt dabei keine Rolle, wie hoch der Prozentsatz ist – was Fließen und Loslassen bedeutet, erfahren Sie, wenn Sie nur 1% Ihres Einkommens hergeben. Aber Sie sollten es regelmäßig machen.*

5. *Seien Sie schöpferisch. Lassen Sie sich noch andere Möglichkeiten einfallen, wie Sie Ihre Energie in das Universum hinaus verströmen können, zu Ihrem Wohl und zum Wohle anderer.*

Heilen

Sich selbst heilen

Mit kreativem Visualisieren haben wir eines der besten Mittel in der Hand, gesund zu werden und gesund zu bleiben.

Eines der Grundprinzipien der ganzheitlichen Medizin ist, daß wir unsere körperliche Gesundheit nicht von unserem emotionalen, geistigen und spirituellen Befinden trennen können. Alle Ebenen sind miteinander verbunden, körperliches ›Unwohlsein‹ und Krankheiten spiegeln immer Konflikt, Spannung, Angst oder Disharmonie auf anderen Seinsebenen wider. Körperlich erkrankt zu sein heißt: der Körper gibt uns unübersehbar eine Botschaft, nämlich auf unsere tiefsten und verborgenen Gefühle, Gedanken und Einstellungen genau zu achten, um Wege zu finden, wie wir unsere natürliche Harmonie und Ausgeglichenheit wiederherstellen können. Wir müssen dafür sensibel werden und auf die inneren Abläufe ›horchen‹.

Es findet ein ständiger Informationsaustausch zwischen Verstand und Körper statt. Der Körper nimmt das physische Universum wahr und gibt Botschaften darüber an den Verstand weiter; dieser interpretiert die Wahrnehmungen entsprechend seiner individuellen Vergangenheitserfahrungen und seinem Glaubenssystem und löst im Körper bestimmte Reaktionen aus. *Wenn der Verstand aufgrund seines Glaubenssystems (ob nun bewußt oder unbewußt) zu dem Schluß kommt, daß Krankheit in einer bestimmten Situation angebracht oder unvermeidlich ist, so wird er es dem Körper dementsprechend signalisieren, und dieser wird zwangsläufig Krankheitssymptome manifestieren;* wir werden tatsächlich krank. Es besteht also ein enger Zusammenhang zwischen diesem Geschehen und unseren tiefsten Meinungen und Vorstellungen über uns selbst, das Leben und das Wesen von Krankheit und Gesundheit.

Kreatives Visualisieren macht uns sensibel dafür, wie gut oder schlecht die Verbindung zwischen unserem Verstand und Körper ist. Es werden bewußt oder unbewußt Bilder und Gedanken in unserem Verstand geformt und dann an den Körper als Signale oder Befehle weitergegeben.

Durch kreatives Visualisieren erzeugen Sie, wenn Sie es bewußt machen, positive Gedanken und Bilder, die Ihrem Körper gut tun – anstelle der negativen, einengenden, im wahrsten Sinne des Wortes ›krankmachenden‹.

Die Menschen werden krank, weil sie in ihrem Innersten fest daran glauben, daß Krankheit eine passende oder unerläßliche Reaktion auf eine bestimmte Situation oder ein Ereignis ist. Sie glauben nämlich, durch Krankheit ein Problem lösen zu können oder sehen darin den letzten Ausweg, einen ungelösten und unerträglichen inneren Konflikt zu bewältigen. Außerdem glauben sie, dadurch zu bekommen, was sie brauchen.

Dazu einige Beispiele: Jemand wird krank, weil er sich eine ansteckende Krankheit ›geholt‹ hat. (Er ist einfach davon überzeugt, daß er unweigerlich oder sehr wahrscheinlich krank wird.) Eine Frau stirbt an der gleichen Krankheit wie ihr Vater, ihre Mutter oder ein anderes Familienmitglied. (Sie hat sich unbewußt darauf programmiert, demselben Muster zu folgen.) Ein Mann wird krank oder hat einen Unfall, um nicht arbeiten zu müssen. (Er kann sich mit einer Sache, die seine Arbeit betrifft, nicht konfrontieren, oder er muß erst krank werden, damit er sich die nötige Entspannung und Ruhe gönnt.)

Eine Frau wird krank, um Liebe und Aufmerksamkeit zu bekommen. (Nur so konnte sie als Kind die Liebe ihrer Eltern bekommen.) Jemand unterdrückt ein Leben lang seine Gefühle und stirbt schließlich an Krebs. (Er spürt einerseits den Druck seiner verdrängten Gefühle, und andererseits glaubt er, daß er sie nicht ausdrücken kann oder darf, und diesen Widerspruch kann er nicht lösen ... also findet er schließlich eine Lösung: er tötet sich selbst.)

Ich möchte mit diesen Beispielen nicht den Eindruck erwecken, daß für mich jede Krankheit ein einfaches Problem darstellt, für das es eine vorgefertigte Erklärung gibt. Wie bei allen Problemen, die wir haben, spielen auch hier oft viele komplexe Faktoren eine Rolle. Ich möchte aber deutlich herausstellen, daß Krankheit ein Ergebnis unserer inneren Vorstellungen und Glaubenssysteme und der Versuch ist, eine Lösung für ein Problem zu finden, das in uns selbst liegt. Sobald wir bereit sind, unsere innersten Glaubenssätze klar zu erkennen und auch zu ändern, können wir sinnvollere Lösungen für unsere Probleme finden – und uns von Krankheit und Leiden völlig befreien.

Wenn wir uns folgendes vor Augen halten, können wir in dem Bewußtsein leben, ausgesprochen positiv, überaus dynamisch, gesund zu sein, und wir können uns selbst heilen:

Im Kern sind wir alle vollkommene, spirituelle Wesen. In jedem von uns offenbart sich in Vollkommenheit der uns innewohnende All-Geist oder das göttliche Bewußtsein.

Somit haben wir von Geburt an ein natürliches Recht auf blühende Gesundheit, strahlende Schönheit, unerschöpfliche Energie, jugendliche Vitalität und Freude, unser ganzes Leben lang.

In Wahrheit gibt es kein Elend und keine Beschränktheit. Wir mißachten oder können bloß nicht begreifen, daß das Gute (oder Gott) überall und allumfassend ist und daß wir grenzenlose schöpferische Fähigkeiten besitzen.

Wir blockieren uns aus Angst und Unwissenheit selbst, wollen das Gute im Leben nicht sehen und schmälern damit unsere Gesundheit, Schönheit, Energie, Vitalität und Freude.

Unser Körper spiegelt unser Bewußtsein wider. Mit der Meinung, die wir von uns selbst haben, bestimmen wir, wie gesund und schön oder wie krank und häßlich wir sind. Sobald wir unsere Denkmuster grundlegend ändern, wird unser körperliches Selbst diesem Beispiel folgen. Der Körper verändert sich, erneuert sich und baut sich ständig, in jedem Augenblick neu auf. Ausschließlich unser Denken bestimmt, wie dies geschieht.

Je mehr wir unser Bewußtsein auf die höchste spirituelle Vervollkommnung ausrichten, desto mehr drückt unser Körper unsere persönliche Vollkommenheit aus.

Wenn wir uns diese Einschränkung zu eigen machen, stehen wir Krankheiten nicht hilflos gegenüber. Anstatt Krankheit als unabwendbares Unglück oder unausweichliches Mißgeschick anzusehen, begreifen wir sie als machtvolle und nützliche Botschaft. Ein körperliches Leiden ist eine Botschaft: in unserem Bewußtsein gibt es etwas, worauf wir achten, das wir erkennen, annehmen und ändern sollen.

Oft heißt die Botschaft einer Krankheit, sich einfach mehr Ruhe zu gönnen und dafür Zeit zu haben, mit unserem inneren Selbst in Kontakt zu sein. Durch Krankheit sind wir oft gezwungen, uns zu entspannen, alle Geschäftigkeit und alles ›Mühen‹ fallenzulassen und einzutauchen in eine tiefe, ruhige Bewußtseinsebene, wo wir die nährende Energie bekommen, die wir brauchen.

Heilung geschieht immer von innen heraus. Wenn wir guten Kontakt zu uns selbst pflegen, brauchen wir nicht mehr krank zu werden, um zu uns selbst zu finden.

Krankheit und ›Unfälle‹ sind ein Appell, unsere Denkmuster zu ändern oder ein in uns liegendes Problem zu lösen. Werden Sie so ruhig wie möglich, hören Sie auf Ihre innere Stimme, und versuchen Sie zu verstehen, was der tiefere Sinn Ihrer Krankheit ist oder was Sie daraus lernen sollen. Vielleicht gelingt Ihnen dies ohne fremde Hilfe. In manchen Fällen jedoch werden Sie wohl einen Ratgeber, Therapeuten, Freund oder Heiler brauchen.

Kreatives Visualisieren ist ein ideales Heilmittel, denn es setzt direkt an der Wurzel eines Problems an – Ihren innersten Gedanken und Bildern. Stellen Sie sich vor und glauben Sie fest daran, daß Sie von Ihrer Krankheit völlig geheilt und nun kerngesund sind. Es gibt verschiedene Möglichkeiten auf vielen Ebenen, wie Sie an die Sache herangehen können; Sie müssen lediglich die Art von Affirmationen und Bildern herausfinden, mit denen Sie am besten arbeiten können. Im dritten Teil dieses Buches habe ich einige Vorschläge dazu gemacht. Mehr darüber können Sie in der empfohlenen Bücherliste finden.

Natürlich ist eine ›vorbeugende Medizin‹ immer das beste ... Wenn Sie keine gesundheitlichen Probleme haben, um so besser; bekräftigen und visualisieren Sie einfach, daß Sie immer gesund und vital bleiben werden; auf diese Weise brauchen Sie sich nie Gedanken über Selbstheilung zu machen. Falls Sie aber gesundheitliche Probleme haben, wird es ein Trost für Sie sein, daß täglich viele ›Wunderheilungen‹ durch die Anwendung verschiedener Formen des kreativen Visualisierens geschehen, selbst bei sehr ernsten Krankheiten wie Krebs, Gelenkentzündung (Arthritis) und Herzleiden.

In vielen Fällen ist kreatives Visualisieren selbst schon eine wirkungsvolle Therapie. In anderen Fällen ist es notwendig, auch andere Therapieverfahren anzuwenden, wenn das Glaubenssystem einer Person sehr starr ist (d. h. wenn es schwierig ist, die Vorstellung fallenzulassen, daß wir für unsere Heilung Hilfe von außen brauchen). *Solange Sie in eine bestimmte Therapieform inneres Vertrauen haben, sollten Sie sie auf jeden Fall anwenden!* Es wird funktionieren, wenn Sie es nur wollen und daran glauben. Für welches Verfahren Sie sich auch entschließen, von der herkömmlichen Medizin oder Chirurgie bis hin zu mehr ganzheitlichen Therapien wie Akupunktur, Yoga, Massage, Fasten usw., *kreatives Visualisieren ist immer eine hilfreiche Ergänzung* und kann in Verbindung mit jedem Verfahren angewandt werden. Kreatives Visualisieren, bewußt ausgeübt, beschleunigt und erleichtert in erstaunlicher Weise den normalen Heilungsprozeß.

Andere heilen

Sich selbst heilen oder andere heilen – es gelten jeweils die gleichen Prinzipien. Ich habe weiter oben vom Bewußtsein, heilen zu können, gesprochen und es in groben Zügen dargestellt. In diesem Bewußtsein können wir andere ebenso erfolgreich heilen wie uns selbst (manchmal sogar erfolgreicher).

Der All-Geist bildet nämlich von Natur aus eine Einheit. Ein Teil unseres Bewußtseins ist direkt mit dem entsprechenden Teil im Bewußtsein von allen anderen Menschen verknüpft. Da uns dieser Teil auch Zugang zu göttlicher Allmacht und Allwissenheit verschafft, besitzen wir *alle* unvorstellbare Heilkräfte, die wir nach Belieben nutzen können.

Ebenso wie die Meinung, die wir von uns selbst haben, darüber entscheidet, ob wir gesund oder krank sind, so können auch unsere Urteile über andere deren Befinden mit beeinflussen. Wenn eine Freundin einem Glaubenssystem anhängt, das sie krank werden ließ, und wir bestätigen oder glauben auch noch, was sie sich über ihre Krankheit zurechtgelegt hat, dann unterstützen wir ihr Kranksein, selbst wenn es unser innigster Wunsch ist, daß sie wieder gesund wird. Wenn wir andererseits innerlich fest davon überzeugt sind, daß sie gesund und vollkommen ist, unterstützen wir damit ganz sicher ihre Genesung. Es ist auch gar nicht nötig, daß sie erfährt, was wir da machen; manchmal ist es tatsächlich besser, wenn sie nichts davon weiß.

Es ist schon erstaunlich: Bloß die Meinung über jemand anderen zu ändern und bewußt ein Bild von Gesundheit und Wohlbefinden zu entwerfen und daran festzuhalten, kann in vielen Fällen jemanden *sofort heilen* und in vielen anderen Fällen den Gesundungsprozeß beschleunigen und erleichtern.

Ich wurde sehr wissenschaftlich und rational orientiert erzogen und konnte es zunächst überhaupt nicht verstehen und annehmen, daß es die Fähigkeit gibt, andere Menschen aus der Ferne zu heilen. Mittlerweile habe ich dies zu oft miterlebt und erfahren, als daß ich noch länger daran zweifeln könnte.

Meine Fähigkeit zu heilen wird am besten gefördert, wenn ich mir vorstelle, daß ich ein offener Kanal bin – heilende Energie, spirituelle Energie des Universums strömt durch mich *hindurch* und fließt zu dem Menschen, der sie braucht. Mein höheres Selbst gibt Energie an das höhere Selbst des Betreffenden ab, um die Heilung, wie sie auch aussehen mag, zu unterstützen. Gleichzeitig sehe ich ihn als das, was er in Wahrheit ist ... ein göttliches Wesen, eine schöne vollendete Offenbarung Gottes ... gesund und glücklich, wie es seiner Natur entspricht.

Im dritten Teil beschreibe ich Heilmethoden, die mir am meisten geholfen haben. Ich möchte Ihnen Mut machen, sie auszuprobieren und selbst welche zu finden!

TEIL
3

Meditationen und Affirmationen

Beschließt du eine Sache,
wird sie dir gelingen,
und das Licht wird
auf deinen Wegen scheinen.
HIOB 22:28

Erdung und Energiefluß

Hier handelt es sich um eine sehr einfache Technik des Visualisierens, die sich bei jeder Meditation als Einstieg gut eignet. Ziel dabei ist, Ihre Energie zum Fließen zu bringen, alle Blockierungen aufzulösen und sicherzustellen, daß Sie fest mit der physischen Ebene verbunden bleiben, um während der Meditation nicht ›abzuheben‹.

Sitzen Sie bequem in einem Stuhl oder im Schneidersitz auf dem Fußboden. Der Rücken ist gerade. Schließen Sie die Augen, atmen Sie langsam und tief, zählen Sie dabei von 10 bis 1, bis Sie sich tief entspannt fühlen.

Denken Sie sich eine lange Schnur, die am unteren Teil Ihrer Wirbelsäule festgemacht ist und durch den Fußboden hindurch bis tief ins Erdinnere hineinreicht – wie eine Baumwurzel, die sehr weit in den Boden hineingewachsen ist. Das ist die ›Erdungsschnur‹.

Stellen Sie sich vor, daß die Energie der Erde durch diese Schnur hochfließt (durch Ihre Fußsohlen, wenn Sie in einem Stuhl sitzen) und weiter durch Ihren ganzen Körper strömt und schließlich ganz oben aus Ihrem Kopf wieder heraustritt. Stellen Sie sich das solange vor, bis Sie wirklich den Fluß spüren können. Spüren Sie jetzt, wie die Energie des Kosmos von oben in Ihren Kopf strömt, durch Ihren Körper und Ihre Erdungsschnur bis hinunter zu den Füßen und in die Erde. Fühlen Sie, wie die Energie in beide Richtungen fließt und in Ihrem Körper wie von selbst zu einer harmonischen Einheit wird.

Durch diese Meditation bleibt in Ihnen das Gleichgewicht zwischen der kosmischen Energie (Vision, Phantasie, Imagination) und der stabilen, erdigen Energie auf der körperlichen Ebene erhalten … ein Gleichgewicht, das Ihr Wohlbefinden steigern und die Kraft zu manifestieren stärken wird.

Die Energiezentren öffnen

Diese Meditation heilt und reinigt den Körper und bringt Ihre Energie zum Fließen. Es ist sehr empfehlenswert, sie morgens gleich nach dem Aufwachen zu machen oder auch als Anfangsphase bei allen Meditationsübungen oder immer, wenn Sie sich entspannen und erfrischen wollen:

Legen Sie sich auf den Rücken, die Arme zur Seite; Sie können die Hände auch auf den Bauch legen. Machen Sie die Augen zu, entspannen Sie sich, und atmen Sie weich, tief und langsam.

Stellen Sie sich vor, daß ein strahlendes, goldenes Leuchten über Ihrem Kopf ist. Atmen Sie tief und langsam fünfmal ein und aus – bleiben Sie mit Ihrer Aufmerksamkeit bei dem Leuchten und spüren Sie, wie die Strahlen oben aus Ihrem Kopf kommen.

Lenken Sie nun Ihre Aufmerksamkeit zur Kehle. Stellen Sie sich wieder ein goldenes Leuchten vor, das von diesem Bereich ausstrahlt. Atmen Sie langsam fünfmal ein und aus, und betrachten Sie aufmerksam dieses Licht.

Gehen Sie mit Ihrer Aufmerksamkeit hinunter zu Ihrem Brustzentrum. Stellen Sie sich noch einmal das goldene Licht vor, wie es seine Strahlen von der Mitte Ihrer Brust aussendet. Machen Sie wieder fünf tiefe Atemzüge, wenn Sie spüren, daß immer mehr Energie freigesetzt wird.

Richten Sie als nächstes Ihre Aufmerksamkeit auf das Sonnengeflecht (Solarplexus); visualisieren Sie, wie das goldene Licht die ganze Körpermitte umschließt. Atmen Sie langsam fünfmal in diesen Bereich.

Malen Sie sich nun aus, wie Ihr Becken in Licht getaucht ist und von Licht umgeben wird. Machen Sie wieder fünf tiefe Atemzüge. Spüren Sie, wie die Lichtenergie ihre Strahlen aussendet und sich immer mehr ausbreitet.

Sehen Sie zum Schluß Ihre Füße von strahlendem Licht umhüllt, und atmen Sie wieder fünfmal in diesen Bereich.

Stellen Sie sich nun vor, alle sechs Lichtkugeln leuchten gleichzeitig, und Ihr Körper ist wie eine Perlenkette, die Energie ausstrahlt.

Atmen Sie tief und denken Sie sich, daß beim Ausatmen Energie außen an Ihrer linken Körperseite von der Schädeldecke bis zu den Fußsohlen entlangfließt. Beim Einatmen fließt sie an der rechten Körperseite entlang wieder zurück. Lassen Sie sie dreimal so um Ihren Körper kreisen.

Visualisieren Sie, wie die Energie ganz oben vom Kopf bis zu den Füßen fließt, diesmal entlang der Vorderseite des Körpers. Und atmen Sie dabei langsam aus. Spüren Sie beim Einatmen, wie sie entlang der Körperrückseite wieder zum Kopf hinauffließt. Lassen Sie den Fluß in dieser Richtung dreimal kreisen.

Stellen Sie sich jetzt vor, daß sich die Energie in den Füßen sammelt. Lassen Sie sie langsam von den Füßen zum Kopf fließen, durch Ihr Körperzentrum hindurch. Sehen Sie, wie sie oben aus Ihrem Kopf wie eine Lichtfontäne herausschießt und dann außerhalb des Körpers wieder zu den Füßen zurückfließt. Wiederholen Sie es, so oft es Ihnen Spaß macht.

Nach dieser Meditation werden Sie tief entspannt und doch wach und voller Energie sein.

Der innere Rückzugsort

Sie sollten schon bald, nachdem Sie begonnen haben, mit kreativem Visualisieren zu arbeiten, einen Ort in Ihrem Innern haben, der Ihnen jederzeit als Rückzugsort dienen kann und ideal geeignet ist für Entspannung, Ruhe und Geborgenheit – Sie können ihn genau nach Ihren Wünschen gestalten.

Schließen Sie die Augen, machen Sie es sich bequem und entspannen Sie sich. Stellen Sie sich vor, Sie sind in einer schönen Naturlandschaft ... auf einer Wiese, auf einem Berggipfel, im Wald, am Meer oder sogar in der Tiefe des Ozeans oder auf einem anderen Planeten. Es kann jede Gegend sein, die auf Sie anziehend wirkt. Wo es auch ist, es sollte dort bequem, angenehm und ruhig sein. Erforschen Sie Ihre Umgebung, achten Sie auf alle Geräusche und Gerüche, auf besondere Gefühle, die in Ihnen entstehen.

Richten Sie nun den Ort heimischer und bequemer ein. Seien Sie erfinderisch! Vielleicht wollen Sie so etwas wie ein Haus oder einen Unterschlupf bauen oder auch nur die ganze Gegend mit einem goldenen Licht des Schutzes und der Geborgenheit umhüllen. Der Ort soll Behaglichkeit ausstrahlen und Ihnen gefallen. Oder Sie machen die Gegend in einem Ritual zu Ihrem ganz besonderen Platz.

Von da an ist dies Ihr persönlicher innerer Rückzugsort. Sie können jederzeit dorthin zurückkehren. Schließen Sie einfach die Augen! Das ist immer wieder heilsam und entspannend. Es ist auch ein Ort, der Ihnen besondere Kraft gibt, und vielleicht suchen Sie ihn jedesmal auf, wenn Sie visualisieren.

Es kann sein, daß sich Ihr Rückzugsort von Zeit zu Zeit unerwartet verändert, daß Sie selbst ihn verändern oder einige Ergänzungen anbringen möchten. Ihrer Phantasie beim Einrichten Ihres Rückzugsortes sind keine Grenzen gesetzt, und Sie können eine Menge Spaß dabei haben ... unverzichtbar sind lediglich der Friede, die Stille und das Gefühl von absoluter Geborgenheit.

Ihr innerer Führer

Wir haben alle Weisheit und alles Wissen, das wir jemals brauchen, bereits in uns. Durch unsere Intuition, die uns mit der universalen Intelligenz verbindet, können wir darüber verfügen. Dennoch empfinden wir es oft als schwierig, mit unserer höheren Weisheit Verbindung aufzunehmen. Hier kann uns die Begegnung und die Bekanntschaft mit unserem inneren Führer weiterhelfen.

Der innere Führer hat noch viele andere Namen: Ratgeber, geistiger Führer, imaginärer Freund oder Meister. Er ist ein Teil von Ihnen, auf einer höheren Ebene, und er kann Ihnen in vielen verschiedenen Gestalten begegnen, gewöhnlich aber als Person oder Wesenheit, mit der Sie sprechen können und die wie ein weiser und liebevoller Freund zu Ihnen ist.

Folgende Übung soll Ihnen helfen, Ihrem geistigen Führer zu begegnen. Ein Freund oder eine Freundin kann sie Ihnen vorlesen, während Sie meditieren. Sie können sie aber auch vorher selbst durchlesen und dann machen.

Schließen Sie die Augen, und entspannen Sie sich tief. Suchen Sie Ihren inneren Rückzugsort auf, und verweilen Sie dort ein paar Minuten, werden Sie ruhig, und orientieren Sie sich. Stellen Sie sich nun vor, daß sich von Ihrem Rückzugsort bis zum Horizont ein Weg erstreckt. Sie gehen diesen Weg entlang und sehen in der Ferne eine Gestalt auf sich zukommen, die klares, helles Licht ausstrahlt.

Sie kommen sich immer näher, und allmählich können Sie erkennen, ob die Gestalt ein Mann oder eine Frau ist, wie sie aussieht, wie alt sie ist und wie sie gekleidet ist. Je näher sie kommt, um so mehr Einzelheiten können Sie von ihrem Gesicht und ihrer gesamten Erscheinung erkennen.

Begrüßen Sie diese Wesenheit, und fragen Sie sie nach ihrem Namen. Bleiben Sie bei dem Namen, der Ihnen spontan einfällt, auch wenn er ungewöhnlich klingt.

Erforschen Sie gemeinsam Ihren Rückzugsort, nachdem Sie ihn Ihrem Führer gezeigt haben. Er macht Sie vielleicht auf ein paar Dinge aufmerksam, die Ihnen vorher nie aufgefallen sind, oder Sie genießen einfach Ihr Zusammensein.

Fragen Sie Ihren Führer, ob er Ihnen etwas sagen oder einen Rat geben möchte. Wenn Sie wollen, können Sie auch ein paar spezielle Fragen stellen. Vielleicht bekommen Sie sofort eine Antwort darauf; und wenn nicht, seien Sie nicht entmutigt, Sie bekommen die Antworten zu einem späteren Zeitpunkt in anderer Form.

Ist es an der Zeit, sich von Ihrem Führer zu trennen, danken Sie ihm und bringen Ihre Wertschätzung zum Ausdruck. Bitten Sie ihn, Sie in Ihrem Rückzugsort wieder zu besuchen.

Öffnen Sie die Augen, und kehren Sie zur Außenwelt zurück.

Nicht alle erleben die Begegnung mit ihrem Führer gleich, und deshalb ist es schwierig, etwas Allgemeingültiges zu sagen. Grundsätzlich: Wenn Sie bei dieser Begegnung ein gutes Gefühl haben – wunderbar. Wenn nicht, seien Sie erfinderisch und ändern an dem Ritual, was Sie für nötig halten.

Machen Sie sich nichts draus, wenn Sie Ihren Führer nicht klar und deutlich erkennen können. Manchmal bleibt er nur ein Lichtschein oder eine verschwommene, schemenhafte Gestalt. Wichtig ist, daß Sie seine Kraft, Anwesenheit und Liebe spüren.

Kommt Ihr Führer in der Gestalt eines Ihnen bekannten Menschen zu Ihnen, so ist das ausgezeichnet, *es sei denn*, Sie fühlen sich nicht besonders gut dabei. Wiederholen Sie in diesem Fall die Übung, und bitten Sie ihn, er möge Ihnen in einer Gestalt gegenübertreten, die Ihnen sympathisch ist und mit der Sie sich wohl fühlen.

Seien Sie nicht erstaunt, wenn Ihnen Ihr Führer etwas exzentrisch oder skurril vorkommt … die Gestalt, in der er sich zeigt, ist das Produkt unseres erfinderischen Geistes, der keine Grenzen kennt. Zum Beispiel kann er einen sehr ausgefallenen und eigenwilligen Humor, einen exotischen

Namen und eine Neigung zum Dramatischen haben. Manchmal übermittelt er die Gefühlseindrücke oder intuitives Wissen auf direktem Weg, ohne sich der Sprache zu bedienen.

Es *kann* auch sein, daß er von Zeit zu Zeit seine Gestalt und sogar den Namen ändert. Oder er bleibt jahrelang der gleiche. Und es ist auch möglich, daß Sie mehrere Führer gleichzeitig haben.

Ihr Führer ist für Sie da, und Sie können sich jederzeit an ihn wenden, wenn Sie besondere Führung, Weisheit, Wissen, Unterstützung, schöpferische Inspiration, Liebe oder Gesellschaft brauchen oder möchten. Viele, die eine Beziehung zu ihrem Führer aufgebaut haben, sehen ihn jeden Tag in ihrer Meditation.

Die rosarote Seifenblase

Diese Meditation ist einfach, aber erstaunlich wirkungsvoll. Hier ist sie:

Sitzen oder liegen Sie bequem, schließen Sie die Augen und atmen Sie tief, langsam und gleichmäßig. Entspannen Sie sich, tiefer und tiefer.

Malen Sie sich möglichst bildhaft aus, was Sie gerne manifestieren möchten. Lassen Sie es in Ihren Gedanken schon Wirklichkeit sein.

Hüllen Sie nun in Ihrer Phantasie den visualisierten Wunsch mit einer rosaroten Seifenblase ein. Rosarot ist eine Farbe, die mit dem Herzen assoziiert wird. Deshalb begünstigt die Energie dieser Farbe die Verwirklichung von Wünschen, die Ihrem innersten Wesen entsprechen.

Der dritte Schritt ist, die Seifenblase treiben zu lassen. Stellen Sie sich vor, wie sie in das Universum hinausschwebt, mit Ihrer Vision im Innern. Das symbolisiert Ihr gefühlsmäßiges ›Loslassen‹. Nun schwebt sie frei im Universum, zieht Energie an und sammelt sie, um Ihre Vision zu manifestieren.

Mehr brauchen Sie nicht zu tun.

Heilmeditationen

Sich selbst heilen

Setzen Sie sich oder legen Sie sich hin, atmen und entspannen Sie sich tief. Gehen Sie mit Ihrer Aufmerksamkeit nacheinander zu jedem Körperteil, zuerst zu den Zehen, dann zu den Füßen, Beinen, zum Becken usw. Lassen Sie jeden einzelnen Teil schwer werden und alle Anspannung verlieren. Spüren Sie, wie sich die ganze Spannung löst und aus Ihrem Körper entweicht.

Sie können die Meditation machen, die ich zum Öffnen der Energiezentren empfohlen habe, damit Ihre Energie wirklich zum Fließen kommt.

Sehen Sie nun Ihren ganzen Körper in ein goldenes Licht getaucht: Es ist heilende Energie ... fühlen Sie es ... genießen Sie es.

Angenommen, ein bestimmter Bereich Ihres Körpers ist erkrankt oder Sie haben dort Schmerzen – fragen Sie diesen Teil, ob er eine Botschaft für Sie hat. Fragen Sie, ob es da etwas gibt, das Sie verstehen oder tun sollen, jetzt im Augenblick oder allgemein in Ihrem Leben.

Bemühen Sie sich ernsthaft, die Antwort zu verstehen und auch danach zu handeln. Machen Sie mit der Übung einfach weiter, auch wenn Sie keine Antwort bekommen.

Nun lassen Sie besonders liebende, heilende Energie in diesen Teil von Ihnen fließen und in jeden Körperteil, der sie braucht. Sehen oder spüren Sie, daß er geheilt ist. Vielleicht möchten Sie auch Ihren Führer, einen Meister oder Heilkundigen dabeihaben, um sich helfen zu lassen.

Stellen Sie sich vor, wie sich das Problem auflöst und seine Energie von Ihnen wegfließt.

Nun gehen Sie in der Vorstellung auf, daß Sie vor Gesundheit nur so strotzen und Sie sich in verschiedenen Situationen aktiv und gesund fühlen. Sehen Sie sich strahlend schön.

Affirmationen:
Ich kann nun ohne Krankheit leben. Ich bin frei und gesund.
Ich strotze nun vor Gesundheit und bin voller Energie.
Ich liebe meinen Körper und nehme ihn voll und ganz an.
Ich bin gut zu meinem Körper, und mein Körper ist gut zu mir.
Ich habe viel Energie und bin voller Lebenslust.
Mein Körper ist im Gleichgewicht und in vollkommener Harmonie mit dem Universum.
Ich werde immer gesünder, schöner und lebendiger. Danke.
Ich bin eine strahlende Offenbarung Gottes. Mein Geist und mein Körper bringen göttliche Vollendung zum Ausdruck.

Stellen Sie sich bei dieser Meditation vor, daß Sie vollkommen gesund sind und Sie ein goldenes Licht umgibt, das heilend wirkt. Geben Sie dem ›Problem‹ keine Energie mehr, und lassen Sie nicht zu, daß es weiterhin Macht über Sie ausübt, es sei denn, Sie spüren, daß hinter dem ›Problem‹ noch mehr steckt, was Sie erst noch herausfinden müssen.

Andere heilen

Diese Meditation sollten Sie für sich allein machen und *nicht* im Beisein von anderen. Sie können den Menschen sagen, daß Sie Heilmeditationen für sie machen, oder darauf verzichten, je nachdem, was sie persönlich von einer solchen Idee halten.

Entspannen Sie sich tief. Versuchen Sie, allmählich in einen tiefen, ruhigen Gemütszustand zu gelangen.

Sehen Sie sich als offenen Kanal. Es strömt heilende Energie des Universums hindurch. Diese Energie kommt nicht aus Ihnen persönlich, sondern aus einer tieferen Quelle, und Sie tragen lediglich dazu bei, sie zu konzentrieren und weiterzuleiten.

Stellen Sie sich nun die betreffende Person möglichst deutlich vor, oder denken Sie an sie. Fragen Sie sie, ob Sie ihr einen besonderen Wunsch erfüllen können. Sollte sie einen besonderen Wunsch äußern, dann erfüllen Sie ihn, so gut Sie können – allerdings nur, wenn Sie selbst ein gutes Gefühl dabei haben.

Verspüren Sie den Impuls, einen bestimmten Körperteil zu heilen oder an einem besonderen Problem zu arbeiten … geben Sie ihm nach. Alle Probleme sind gelöst, alles ist geheilt und in Ordnung.

Sehen Sie nun, wie die Person in goldenes, heilendes Licht gehüllt ist … kerngesund und glücklich. Sprechen Sie sie (in Gedanken) direkt an; erinnern Sie sie daran, daß sie in Wahrheit ein vollkommenes, gottähnliches Wesen ist und keine Krankheit oder anderes Elend Macht über sie zu haben braucht. Sagen Sie ihr, daß Sie ihr helfen, ganz gesund und glücklich zu sein, und sie weiterhin liebevoll unterstützen werden.

Möchten Sie die Meditation abschließen, öffnen Sie die Augen. Kehren Sie zur äußeren Welt zurück, erfrischt, neu belebt, gesund und gestärkt.

Geben Sie der Krankheit keine Energie oder Macht mehr; betrachten Sie diesen Menschen von jetzt an als völlig geheilt.

In Gruppen heilen

Sehr wirksam ist das Heilen in Gruppen.

Falls sich die zu heilende Person im Raum befindet, soll sie sich in die Mitte legen oder auf einen Stuhl setzen (was ihr lieber ist), und alle anderen setzen sich kreisförmig um sie herum.

Alle sollten die Augen schließen, still sein und sich tief entspannen. Stellen Sie sich vor, Sie geben der Person in der Mitte heilende Energie. Denken Sie daran, es ist die heilende Energie des Universums, die Sie durchströmt und die Sie weiterleiten. Sehen Sie die Person in goldenes Licht gehüllt; sie fühlt sich wohl und ist völlig gesund.

Wenn Sie wollen, können Sie alle die Arme hochheben, die Handflächen sind auf die Person in der Mitte gerichtet. Spüren Sie, wie die Energie durch Ihre Hände zu ihr hinfließt.

Besonders viel Energie wird frei, wenn während der Heilmeditation alle zusammen ein paar Minuten lang ›OM‹ singen. Die heilende Schwingung eines Tones macht die Meditation noch wirkungsvoller (›OM‹ wird als langer, tiefer und vollklingender Ton mit dem Laut a-a-au-m-m gesungen. Dabei wird der Ton so lange wie möglich gehalten. Es wird ohne Unterbrechung weitergesungen.)

Ist die Person nicht im Raum, sollte jemand sagen, wie sie heißt und wo sie lebt. Dann verfahren Sie so, als ob sie anwesend wäre. Die Wirksamkeit von heilender Energie wird durch Entfernung überhaupt nicht beeinträchtigt. Ich habe viele erstaunliche Heilerfolge gesehen, und es war nebensächlich, ob sich die Personen in großer Entfernung aufhielten, oder im Raum persönlich anwesend waren.

Heilmeditationen gegen Schmerzen

Folgende Meditation können Sie mit einer Person machen, die gerade Kopfschmerzen hat oder unter einem anderen besonderen Schmerz leidet:

»Legen Sie sich hin, schließen Sie die Augen und entspannen Sie sich tief. Konzentrieren Sie sich eine Weile auf Ihren Atem. Atmen Sie tief und langsam, aber gleichmäßig. Zählen Sie langsam von zehn bis eins. Fühlen Sie sich mit jeder Zahl entspannter, und tauchen Sie in tiefere Schichten Ihres Seins ein.

Sie sind jetzt tief entspannt. Sehen Sie vor Ihrem geistigen Auge eine helle Farbe, egal welche (bleiben Sie bei der ersten Farbe, die Ihnen in den Sinn kommt). Stellen Sie sich einen hellen Lichtschein in dieser Farbe mit einem Durchmesser von etwa 15 cm vor. Der Lichtschein wird allmählich immer größer, bis Sie nur noch dieses farbige Licht vor sich sehen. Ja – nun lassen Sie ihn allmählich wieder zusammenschrumpfen, er wird kleiner und kleiner bis zu seiner ursprünglichen Größe. Lassen Sie ihn jetzt noch kleiner werden, bis er 1 bis 2 cm im Durchmesser mißt. Ja er schrumpft noch weiter, bis er am Ende einfach nicht mehr da ist.«

Wiederholen Sie diese Visualisierungsübung. Diesmal soll die Person von der Vorstellung ausgehen, daß die Farbe ihren Schmerz darstellt.

Anrufung

Mit Hilfe dieser Meditation können Sie jede Form von Energie, jede beliebige Eigenschaft oder Gefühlsqualität ›herbeirufen‹, ›heraufbeschwören‹ oder ›erflehen‹:

Schließen Sie die Augen, und entspannen Sie sich tief. Wählen Sie zur Einstimmung eine Meditation aus: zum Beispiel ›Erdung und Energiefluß‹ oder ›Öffnung der Energiezentren‹. Oder Sie suchen einfach Ihren inneren Rückzugsort auf, entspannen Sie sich dort und atmen Sie eine Weile tief.

Sind Sie entspannt und spüren Sie Energie in sich, sprechen Sie leise, aber deutlich und entschlossen: »Ich empfinde jetzt Liebe.« Spüren Sie wie Liebesenergie in Sie strömt oder irgendwo in Ihrem Innern entsteht, Sie erfüllt und von Ihnen ausstrahlt. Gehen Sie ein paar Minuten völlig in diesem Gefühl auf. Sie können dann, wenn Sie wollen, die Energie für Visualisieren und Affirmationen aufwenden, um ein anderes Wunschziel zu erreichen.

Es läßt sich jede erwünschte und benötigte Eigenschaft oder Energie herbeirufen …

Kraft	*Wärme*
Weisheit	*Klarheit*
Heiterkeit	*Intelligenz*
Mitgefühl	*Kreativität*
Sanftheit	*heilende Kraft …*

Bestätigen Sie sich selbst, daß Sie die betreffende Eigenschaft jetzt schon haben.

Eine weitere phantastische Möglichkeit, die Kraft, die in dieser Technik steckt, zu nutzen, ist das Herbeirufen der Energie oder des Wesens einer bestimmten Person, deren Eigenschaften Sie haben möchten. Wenn Sie einen der Meister anrufen, wie etwa Buddha, Christus oder Maria, aktivieren Sie damit universale Eigenschaften, die durch diese Person symbolisiert werden, die aber auch jeder einzelne von uns in sich hat. Bitten Sie zum Beispiel Christus, er soll in Ihnen und durch Sie wirken, aktivieren Sie sehr wirkungsvoll in sich selbst Liebe, Mitgefühl, Vergebung und die Fähigkeit zu heilen.

Haben Sie einen besonderen Meister, Lehrer oder ein Vorbild, das Sie anspricht, rufen Sie ihn oder sie mit Hilfe der oben beschriebenen Technik an, wenn Sie seine/ihre besonderen Eigenschaften brauchen.

Diese Art von Meditation ist besonders dann zu empfehlen, wenn Sie eine besondere Fertigkeit oder ein Talent verfeinern und weiterentwickeln wollen. Studieren Sie zum Beispiel Musik oder Kunst, rufen Sie einen großen Meister des betreffenden Fachs an, den Sie besonders bewundern: stellen Sie sich vor, wie er Sie unterstützt und Ihnen hilft und spüren Sie, wie Sie seine schöpferische Energie und sein Genius durchströmt. Sie brauchen dabei keineswegs seine persönlichen Probleme oder Schwächen zu übernehmen, die er eventuell hatte oder hat; Sie rufen ihn als *Idealtypus* zu sich. Mit dieser Meditation können viele erstaunliche Erfolge erzielt werden.

Affirmationen können auf verschiedene Art gemacht werden

Es gibt viele Möglichkeiten, Affirmationen mit Erfolg zu machen. Mit Hilfe von Affirmationen werden Sie ganz allgemein positiver und kreativer; aber Sie können damit auch spezielle Ziele erreichen.

Denken Sie daran, es ist wichtig, daß Sie sich *entspannt* fühlen, wenn Sie Affirmationen machen. Seien Sie nicht erpicht darauf, Erfolg zu haben. Vergessen Sie nicht, daß alles schon in Ihnen *ist*, was Sie brauchen, alles Zusätzliche ist wie Zuckerguß auf dem Kuchen.

Affirmationen während der Meditation

Sprechen Sie Ihre Affirmationen leise vor sich hin, während Sie meditieren oder sich tief entspannen, vor allem kurz vor dem Schlafengehen oder gleich nach dem Aufwachen.

Affirmationen sprechen

1. Sagen Sie Affirmationen leise oder laut vor sich hin, immer wenn es Ihnen in den Sinn kommt, besonders beim Autofahren, bei der Hausarbeit oder anderen Routinetätigkeiten.

2. Sagen Sie sie laut zu sich selbst und betrachten Sie sich dabei im Spiegel. Das ist besonders gut bei Affirmationen, die Ihr Selbst-Vertrauen und Ihre Selbst-Liebe steigern sollen. Schauen Sie sich direkt in die Augen, und sagen Sie sich selbst, daß Sie schön, liebenswürdig und wertvoll sind. Lassen Sie es ruhig zu, wenn Sie sich nicht wohl dabei fühlen. Nach einiger Zeit werden Sie diese Barrieren durchbrechen, und es wird Ihnen nicht mehr schwerfallen, sich anzusehen und zu lieben. Sie

werden möglicherweise feststellen, daß durch diese Übung bestimmte Gefühle angerührt werden und hochkommen.

3. Nehmen Sie Ihre Affirmationen mit einem Tonbandgerät auf, und lassen Sie das Band oder die Cassette immer wieder ablaufen, während Sie in der Wohnung sind, Auto fahren usw. Formulieren Sie sie in der ersten, zweiten und dritten Person, und setzen Sie jeweils Ihren Namen ein.

   Zum Beispiel: *»Ich, Shakti, bin immer völlig entspannt und in meiner Mitte.« »Shakti, du bist immer völlig entspannt und in deiner Mitte.« »Shakti ist immer völlig entspannt und in ihrer Mitte.«*

Sie können auch einen kleinen Vortrag auf Band aufnehmen, der vielleicht in drei oder vier Abschnitten beschreibt, wie Sie selbst gerne sein möchten, oder Sie schildern eine bestimmte Situation, ganz wie sie Ihren Wünschen entspricht. Diesen Vortrag können Sie ebenfalls in die erste, zweite und/oder dritte Person setzen.

Affirmationen schreiben

1. Wählen Sie eine bestimmte Affirmation aus und schreiben Sie sie einfach 10- oder 20mal hintereinander auf. *Denken Sie ernsthaft* über den Sinn der Worte nach, während Sie sie niederschreiben. Fallen Ihnen dabei bessere, treffendere Formulierungen ein, ändern Sie die Affirmationen dementsprechend ab. Das ist eine der wirkungsvollsten Techniken, die ich je gefunden habe, und noch dazu ist sie ganz leicht zu machen. Im vierten Teil findet sich dazu ein eigenes Kapitel.

2. Schreiben Sie Affirmationen entweder mit der Hand oder mit der Maschine auf Kärtchen o. ä., und bringen Sie sie als Erinnerungshilfen an verschiedenen Stellen in Ihrer Wohnung oder an Ihrem Arbeitsplatz an. Gut geeignet dafür sind: Kühlschrank, Telefon, Spiegel, Schreibtisch, Eßtisch, über dem Bett.

Affirmationen mit anderen

1. Wenn Sie einen Freund/eine Freundin haben, der/die auch mit Affirmationen arbeiten will, so können Sie durch Partnerübungen gute Erfolge

erzielen. Setzen Sie sich gegenüber, schauen Sie sich in die Augen, geben Sie sich jeweils abwechselnd Affirmationen, und sagen Sie ›ja‹ dazu.

David: »Linda, du bist schön, liebevoll und originell.«
Linda: »Ja, ich weiß!«

Wiederholen Sie das 10- bis 15mal. Vertauschen Sie dann die Rollen. Linda gibt also nun David die Affirmation, und er bejaht sie. Versuchen Sie es anschließend in der ersten Person:

David: »Ich, David, bin schön, liebevoll und originell.«
Linda: »Ja, das stimmt.«

Wiederholen Sie es mehrmals.

Seien Sie immer aufrichtig und ernsthaft, wenn Sie sich Affirmationen geben, selbst wenn Sie sich ein wenig albern dabei vorkommen. Wir haben hier eine wunderbare Gelegenheit, andere Menschen zu lieben und zu unterstützen und ihnen tatsächlich zu helfen, ihre negativen Gedanken in positive umzuwandeln.

Es ist so gut wie sicher, daß Sie nach dieser Partnerübung tiefe Liebe zueinander empfinden werden ...

2. Bitten Sie Ihre Freunde/Freundinnen, Sie auch sonst häufig mit Affirmationen zu unterstützen. Sie möchten zum Beispiel lernen, sich zwangloser auszudrücken und dies mit Affirmationen bekräftigen. Bitten Sie doch einen guten Freund/eine gute Freundin, Ihnen immer wieder folgendes zu sagen: *»Jeannie, du drückst dich zur Zeit sehr deutlich und klar aus!«*

   Machen Sie daraus ein Spiel, und Sie werden sehen, wie hilfreich es ist, einander Affirmationen zu geben. Wir neigen unwillkürlich dazu, dem viel Gewicht beizumessen, was unsere Freunde/Freundinnen uns sagen, ob es nun positiv oder negativ ist; wir neigen innerlich dazu, die Meinungen anderer über uns für wahr zu halten. Deshalb bringt ein starkes, positives Feedback, das von Freunden/Freundinnen in Form von Affirmationen gegeben wird, sehr viel.

3. Fangen Sie an, in Gesprächen mit anderen Affirmationen einfließen zu lassen – indem Sie sich eindeutig und positiv über Dinge und Menschen

(sich selbst eingeschlossen) äußern, die Sie gerne positiver sehen möchten. Es ist erstaunlich, welch tiefgreifende Veränderungen sich in Ihrem Leben ergeben können, wenn Sie im täglichen Sprachgebrauch positiver werden.

Vorsicht: Wenden Sie diese Technik *nicht* an, wenn Sie spüren, daß Sie damit Ihre wahren Gefühle verdrängen. Wenden Sie sie auch nicht an, wenn Sie sich verwirrt oder sehr negativ fühlen oder sich dabei selbst verleugnen würden. Betrachten Sie sie als konstruktive Hilfe, Ihre unbewußten negativen Sprachmuster zu verändern und deren Ursachen zu beseitigen.

Affirmationen singen und chanten (Sprechgesang)

1. Machen Sie es sich zur Gewohnheit, Lieder zu lernen, die eine Wirklichkeit schildern, wie Sie sie erschaffen würden, hören Sie sie sich oft an, und singen Sie sie oft. Ein großer Teil unseres derzeitigen Bewußtseins ist von Schnulzen geprägt. Sie erzeugen eine Wirklichkeit, in der wir hoffnungslos von unserem Geliebten/unserer Geliebten abhängig sind, sterben würden, wenn er/sie uns verließe und wir nicht recht wissen, ob das Leben noch Sinn hat, wenn es uns nicht gelingt, eine bestimmte Person zu ›bekommen‹ oder zu ›besitzen‹ usw.

   Im Kapitel ›Was ich zur weiteren Lektüre und Vertiefung empfehle‹ sind einige Platten und Cassetten aufgeführt, die von einer anderen Sicht der Wirklichkeit ausgehen.

2. Lassen Sie sich selbst Lieder oder einfache Sprechgesänge einfallen. Als Texte können Sie Affirmationen verwenden, mit denen Sie gerne arbeiten möchten.

Weitere Affirmationen

Sich selbst annehmen

Ich nehme mich voll und ganz an – hier und jetzt.
Ich liebe mich so, wie ich bin, und mir geht es immer besser.
Ich nehme all meine Gefühle als Teil meiner selbst an.
Ich bin schön und liebenswert, ganz egal wie ich mich fühle.
Ich bin nun bereit, all meine Gefühle zuzulassen.

Es tut mir gut, meine Gefühle auszudrücken. Ich kann jederzeit meine Gefühle ausdrücken.
Ich liebe mich, wenn ich meine Gefühle ausdrücke.

Sich gut fühlen

Es ist für mich in Ordnung, wenn ich meinen Spaß habe und mich amüsiere. Ja!
Ich mache gerne Dinge, die mir guttun.
Ich bin immer völlig entspannt und in meiner Mitte.
Ich fühle jetzt tiefen inneren Frieden und Heiterkeit.
Ich bin froh, daß ich geboren wurde. Ich liebe das Leben.

Beziehungen

Ich liebe mich und habe zu jeder Zeit in meinem Leben Liebesbeziehungen.
Ich spüre Kraft und Liebe in meinen Beziehungen.
Ich verdiene Liebe und sexuelle Lust.
Ich bin nun bereit, eine glückliche, erfüllende Beziehung einzugehen.
Ich fühle mich jetzt in allen meinen Beziehungen glücklich.
Je mehr ich mich selbst liebe, um so mehr liebe ich ____________________.
Ich liebe ________________ und ________________ liebt mich.
Alle Schwierigkeiten zwischen mir und ________________ sind nun gelöst.
Wir haben eine wunderbare Beziehung.
Göttliche Liebe wirkt jetzt durch mich und schenkt mir eine ideale Beziehung mit ________________________.
Ich bekomme jetzt genau die Art von Beziehung, die ich will.
Ich bin jetzt für meinen idealen Partner/meine ideale Partnerin in jeder Hinsicht unwiderstehlich.

Kreativität

Schöpferische Energie durchströmt mich jetzt ungehindert.
Ich habe jeden Tag originelle Ideen und fühle mich inspiriert.
In bin der Schöpfer/die Schöpferin meines Lebens.
Ich gestalte nun mein Leben so, wie ich es haben möchte.

Göttliche Liebe und Führung

Durch das vollendete Wirken göttlicher Liebe ist jetzt in dieser Situation das Wohl aller sichergestellt.
Durch mich wirkt göttliche Liebe und göttliches Licht.
Göttliche Liebe führt mich und ebnet mir den Weg.
Gott zeigt mir jetzt den Weg.
Meine innere Weisheit führt mich jetzt.
Ich erkenne jetzt intuitiv die Lösung dieses Problems.
Das Licht in mir vollbringt Wunder in meinem Körper, meinem Geist und meinen persönlichen Angelegenheiten – hier und jetzt.

TEIL 4

Besondere Techniken

Um hinter das Geheimnis glücklicher Beziehungen zu kommen, mußt du nur das Göttliche in den Menschen und Dingen suchen und dann alles andere Gott überlassen.

J. Allen Boone
in *Kinship With All Life*

Ein nützliches Notizbuch

Besorgen Sie sich ein Notizbuch, und verwenden Sie es als Arbeitsbuch für kreatives Visualisieren. In diesem Teil des Buches stelle ich eine Anzahl schriftlicher Übungen und Techniken vor, die Sie vielleicht machen und in Ihrem Notizbuch festhalten wollen. Es kann sein, daß Sie Affirmationen aufschreiben möchten, die Sie gehört oder selbst formuliert haben. So haben Sie sie jederzeit griffbereit, wenn Sie sie brauchen. Es gibt noch viele andere originelle Möglichkeiten, mit einem Notizbuch zu arbeiten: etwa Ihre Träume und Phantasien festhalten, Tagebuch führen über Ihre Fortschritte im kreativen Visualisieren, inspirierende Gedanken und Ideen oder Zitate aus Büchern und Liedern aufschreiben, die Sie ansprechen, Bilder malen oder eigene Gedichte und Lieder eintragen, die Ihre wachsende Bewußtheit zum Ausdruck bringen.

In meinem Notizbuch arbeite ich regelmäßig an meinen Zielen, Affirmationen, Idealvorstellungen und Schatzkarten. Ich habe die Erfahrung gemacht, daß mir dieses Notizbuch eine wertvolle Hilfe ist.

Hier sind ein paar Vorschläge für die inhaltliche Gestaltung Ihres Notizbuches:

1. *Affirmationen.* Schreiben Sie Ihre Lieblings-Affirmationen auf. Sie können sie alle auf einer Seite aufführen, oder Sie schreiben jede auf ein extra Blatt, verzieren die Ränder und machen Muster darauf. So ist es jedesmal ein schönes Erlebnis, sie durchzulesen, innezuhalten und darüber zu meditieren.

2. *Strömen Sie über!* Stellen Sie eine Liste auf mit allen Möglichkeiten, wie Sie der Welt und den Mitmenschen Ihre Energie weitergeben können. Denken Sie dabei auch daran, wie Sie Geld, Zeit, Liebe und Zuneigung, Anerkennung, körperliche Energie, Freundschaft, Berührung und Ihre

besonderen Talente und Fähigkeiten anderen geben oder schenken können. Ergänzen Sie die Liste, wenn Ihnen was Neues dazu einfällt.

3. *Seien Sie erfolgreich!* Schreiben Sie alles auf, wo Sie fühlen: da bin ich oder war ich erfolgreich oder da war mein Bemühen von Erfolg gekrönt. Lassen Sie keinen Lebensbereich aus, denken Sie nicht nur an Ihre Arbeit. Notieren Sie alles, was Ihnen wichtig ist, auch wenn andere es für unwichtig halten. Ergänzen Sie die Liste laufend, sobald Ihnen neue Dinge einfallen, oder führen Sie erst kürzlich erzielte Erfolge an. Sinn dieser Liste ist, sich selbst und Ihre Fähigkeiten dankbar anzunehmen, was Ihnen wiederum neue Energie gibt, um noch mehr zu erreichen.

4. *Seien Sie dankbar!* Führen Sie alles auf, wofür Sie besonders dankbar sind oder was Sie in Ihrem Leben besonders hochschätzen. Eine solche Liste zu machen und sie immer wieder zu ergänzen kann Ihnen Herz und Augen öffnen für die vielen Reichtümer, die wir alle in unserem Leben haben und oft für selbstverständlich halten. Es vergrößert Ihre Fähigkeit, Wohlstand und Reichtum auf jeder Ebene wahrzunehmen und damit auch die Fähigkeit, diese Dinge zu manifestieren, wie Sie sie wollen.

5. *Vertrauen Sie sich selbst!* Erstellen Sie eine Liste mit allem, was Sie an sich mögen, mit all Ihren positiven Eigenschaften. Das ist kein ›ego trip‹ – je besser Ihr Gefühl zu sich selbst ist, und je mehr Sie Ihre bewundernswerten Eigenschaften anerkennen, um so glücklicher und liebevoller werden Sie sein, um so mehr wird Ihre schöpferische Energie fließen, und um so mehr können Sie der Welt geben.

6. *Lieben Sie sich selbst!* Überlegen Sie sich, wie Sie sich selbst Gutes tun können, was Ihnen Freude macht und Befriedigung verschafft. Notieren Sie alles, was Ihnen dazu einfällt. Es kann alles mögliche sein, aber Sie sollten es täglich mühelos durchführen können. Und machen Sie es wirklich täglich! Dadurch geht es Ihnen besser, und Sie sind zufriedener mit Ihrem Leben, was Ihnen mehr Klarheit für Ihre Lebensgestaltung gibt.

7. *Heilen und helfen Sie!* Halten Sie all jene namentlich fest, die Heilung, besondere Unterstützung und Hilfe brauchen, gleich welcher Art.

Schreiben Sie eigens für sie Affirmationen auf. Jedesmal wenn Sie in Ihrem Notizbuch blättern, unterstützen Sie sie mit Ihrer Energie.

8. *Phantasien und originelle Ideen.* Skizzieren Sie kurz alle Vorstellungen, Pläne, Zukunftsträume oder originellen Ideen, die Ihnen in den Sinn kommen, selbst wenn sie weit hergeholt sein mögen oder wenn Sie sicher sind, daß Sie sie wieder fallenlassen. Das macht Sie lockerer und regt Ihre Phantasie und Ihre natürlichen schöpferischen Fähigkeiten an.

Vielleicht meinen Sie, es sei schwierig, im Alltag die nötige Zeit zu finden, mit Ihrem Notizbuch zu arbeiten. Nehmen Sie sich trotzdem ein paar Minuten täglich, etwa ein oder zwei Stunden wöchentlich Zeit, werden Sie bald einmal feststellen, daß in Ihnen sehr viel passiert.

Um das durch äußere Aktivitäten zu erreichen, müßten Sie 100mal mehr Zeit und Energie aufwenden.

Klärungsübungen

Während Sie kreatives Visualisieren anzuwenden lernen, stoßen Sie womöglich auf Blockierungen in Ihnen, die Sie daran hindern, das Beste in Ihrem Leben zu erreichen.

Eine ›Blockierung‹ ist eine Stelle, wo sich Energie staut – nicht in Bewegung ist, nicht fließt. Blockierungen entstehen gewöhnlich aufgrund von verdrängten Gefühlen wie Angst, Schuld und/oder Haß (Wut). Die Folge ist, daß sich die betreffende Person verspannt und spirituell, emotional, geistig-seelisch und sogar körperlich ›zu-macht‹.

Ganz egal, mit welcher Blockierung auf welcher Ebene wir es zu tun haben, wichtig ist immer, die Energie in dem betroffenen Bereich in Bewegung zu setzen und zum Fließen zu bringen. Schlüssel dazu sind:

1. Geistiges und gefühlsmäßiges Annehmen (die äußert sich auf der körperlichen Ebene als volle Entspannung und Gelöstheit).

2. Unbefangenes Hinschauen; das läßt Sie die Wurzel des Problems erkennen – Einstellungen oder Glaubenssätze, die Sie einengen.

Beschäftigen wir uns also mit einem Bereich unseres Bewußtseins, wo eine Blockierung ist, müssen wir zuerst das Gefühl, das wir in diesem Bereich eingesperrt haben, (so weit wie möglich) zulassen und es verständnisvoll annehmen. Dadurch kommt die blockierte Energie in Gang, und wir haben die Chance, die unterschwelligen negativen Glaubenssätze oder Einstellungen anzuschauen, die Ursache für das Problem sind. Wir können sie ausgiebig und genau betrachten und beobachten, wie sie von selbst verschwinden.

Es ist schon erstaunlich: Die Auseinandersetzung mit einem lebensfeindlichen Glaubenssatz und das Annehmen der Gefühle, die damit zusammenhängen, scheint wahre Wunder zu wirken; es ist fast unvermeidlich, daß sich das Problem auflöst, sobald Sie sich selbst verstehen und annehmen. Es ist viel einfacher als Sie denken.

Der Trick dabei ist, *sich* zärtlich dafür *zu lieben und anzunehmen*, daß Sie diesem Glaubenssatz anhängen und gleichzeitig aber auch zu *sehen, daß Sie bereit sind, ihn loszulassen*, weil er einschränkend, zerstörerisch, selbst-zerstörerisch und *falsch* ist.

Einige grundlegende Glaubenssätze, die weit verbreitet sind und sich verhängnisvoll auswirken:

Ich bin nicht in Ordnung ... mit mir stimmt etwas nicht ...
Ich bin unwürdig und verdiene es nicht.
Ich habe Böses in meinem Leben getan und verdiene, dafür bestraft zu werden.
Die Menschen (ich selbst auch) sind von Grund auf schlecht – selbstsüchtig, grausam, dumm, unzuverlässig, einfältig etc.
Die Welt ist voller Gefahren.
Ich bekomme nicht genug ________________ (Liebe, Geld, Besitz etc.).
Deshalb muß ich darum kämpfen.
oder
Es ist hoffnungslos, ich werde immer zu wenig bekommen.
oder
Weil ich viel habe, haben andere nichts.
Zu leben heißt Schmerzen erdulden, leiden, hart arbeiten ... es macht keinen Spaß.
Lieben ist gefährlich ... ich könnte verletzt werden.
Stark sein ist gefährlich ... ich könnte jemanden verletzen.
Geld ist die Wurzel allen Übels. Geld verdirbt die Menschen.
Die Welt ist nicht vollkommen und wird es niemals sein. Tatsächlich werden die Verhältnisse immer schlechter.
Ich habe keinen Einfluß darauf, was mir zustößt ... ich stehe meinem Leben oder den Gegebenheiten der Welt machtlos gegenüber.

Lesen Sie diese negativen Gedanken durch, und werden Sie sich klar darüber, ob auch Sie solche Glaubenssätze oder Grundgefühle in sich entdecken.

Es mag deprimierend sein, sie gesammelt vor sich zu sehen – Tatsache ist aber, daß jeder von uns bis zu einem gewissen Grad die Wirklichkeit negativ erlebt. Sonst wären wir nämlich schon Wesen, die ihre Selbst-Verwirklichung erreicht haben. Je mehr wir diese Glaubenssätze für wahr halten, desto weiter sind wir von der Verwirklichung unserer gottähnlichen Natur entfernt.

Es ist kein Wunder, daß diese Gedanken unser Wirklichkeitsempfinden prägen – im derzeitigen Entwicklungsstadium unserer Welt sind sie alle außerordentlich weit verbreitet. In der Tat wird unsere Zeit von diesen Gedanken beherrscht, wenn auch vieles glücklicherweise schon in Bewegung gerät.

Wichtig ist die Erkenntnis, daß es sich nur um *Glaubenssätze* handelt; sie sind nicht objektive Wahrheit. Wir *glauben*, daß sie wahr sind, wenn wir uns in der Welt umschauen – weil so viele Menschen daran glauben und dementsprechend handeln.

Um die Welt zu verändern, ist es am wirkungsvollsten, wenn Sie im Innersten positiver über das Wesen des Lebens, der Menschen, der Wirklichkeit denken … und anfangen, danach zu handeln.

Dieses Buch will Ihnen dabei helfen.

Klärungsübungen:

Versuchen Sie folgende Übung, wenn Sie Schwierigkeiten haben, klar zu erkennen, welche Ziele Sie haben oder Gefühlswiderstände in sich spüren, sie auch in die Tat umzusetzen:

1. *Schreiben Sie oben auf ein Blatt Papier folgendes: »Der Grund, warum ich nicht bekomme, was ich möchte, ist …« Notieren Sie darunter alle Gedanken, die Ihnen spontan einfallen und den Satz vervollständigen. Überlegen Sie nicht allzu lange, und nehmen Sie es nicht zu ernst. Schreiben Sie etwa 20 oder 30 Gedanken so auf, wie sie Ihnen in den Sinn kommen, auch wenn sie sich scheinbar dumm oder albern anhören. Eine solche Liste könnte beispielsweise so aussehen:*

   Der Grund, warum ich nicht bekomme, was ich möchte, ist …
   Ich bin zu faul.
   Ich habe zu wenig Geld.
   Das gibt es überhaupt nicht.
   Ich habe es schon öfter versucht, aber es hat nie geklappt.
   Mutter sagte: »Das kannst du nicht.«

Ich will nicht.
Es ist zu schwierig.
Ich habe Angst.
Hans hätte etwas dagegen.
Es wäre zu schön …
und so weiter …

2. *Machen Sie die Übung, nur benennen Sie diesmal genau, was Sie möchten, zum Beispiel »Der Grund, warum ich keine gute Arbeitsstelle bekomme, ist …« und machen Sie weiter wie oben.*
   Sitzen Sie nun ein paar Minuten ruhig da und überprüfen Sie, ob Sie den einen oder anderen Gedanken, den Sie auf die Liste geschrieben haben, für richtig halten … oder inwieweit Sie daran glauben. Entwickeln Sie ein Gespür dafür, wie sehr Sie Ihre Möglichkeiten selbst beschneiden.

3. *Erstellen Sie nun eine Liste mit allen nur erdenklichen negativen Einstellungen sich selbst, anderen Menschen, Beziehungen, der Welt, dem Leben gegenüber.*
   Sitzen Sie wieder ruhig da, und werden Sie sich klar, von welchen dieser Gedanken Sie sich bewußt oder unbewußt beherrschen lassen.

Fühlen Sie während einer dieser Übungen Gefühle hochkommen, lassen Sie sie zu, und erleben Sie sie so intensiv wie möglich. Lassen Sie sich voll darauf ein, und nehmen Sie sie an. Vielleicht erinnern Sie sich blitzartig an ein Kindheitserlebnis oder an Aussprüche Ihrer Eltern oder Lehrer/innen, die auf eine bestimmte Art festgelegt haben, wie Sie die Welt sehen.

4. *Zerreißen Sie einfach Ihre Listen, und werfen Sie sie weg, wenn Sie spüren, daß Sie diese Übung abschließen können, vor allem dann, wenn Sie mit einem oder mehreren Glaubenssätzen, an denen Sie festhalten, konfrontiert worden sind. Dies symbolisiert, wie wenig Einfluß sie jetzt auf Ihr Leben haben.*
   Sitzen Sie dann ruhig da, entspannen Sie sich, und machen Sie einige Affirmationen, um Ihre einengenden Glaubenssätze durch positive zu ersetzen, die Sie öffnen und aufbauen.

Ein paar klärende Affirmationen, die hier passen:

Ich lasse nun meine ganze Vergangenheit los. Sie ist vorbei, und ich bin frei.
Ich löse nun alle negativen, einschränkenden Glaubenssätze auf. Sie haben keine Macht über mich.
Ich vergebe nun allen Menschen, die ich kenne, und gebe sie frei.
Wir sind alle glücklich und frei.
Ich brauche nicht zu versuchen, anderen zu gefallen. Ich bin von Natur aus liebenswert und reizend, egal was ich tue.
Ich lasse nun alle angesammelte Schuld, Mißgunst, allen Haß, alle Ängste und Enttäuschungen los. Ich bin frei und klar.
All meine negativen Selbst-Bilder und Einstellungen sind nun aufgelöst. Ich liebe und schätze mich.
Ich gehe frei aus mir heraus und genieße das Leben.
Es ist schön, in dieser Welt zu leben.
Das Universum sorgt unentwegt für mich.

Weitere Klärungsübungen

1. *Vergebung und Befreiung. Notieren Sie auf einem Blatt Papier die Namen aller Menschen, bei denen Sie das Gefühl haben, daß sie Sie irgendwann in Ihrem Leben schlecht behandelt, verletzt oder Ihnen Unrecht getan haben. Schreiben Sie auch die Namen derer auf, die Sie so behandeln oder behandelt haben. Schreiben Sie neben jeden Namen, was der Betreffende/die Betreffende Ihnen angetan hat oder weshalb Sie ihn/sie hassen.*

   Schließen Sie dann die Augen, entspannen Sie sich, und visualisieren Sie jede einzelne Person. Unterhalten Sie sich jeweils ein wenig mit ihr und erklären Sie ihr, daß Sie sie in der Vergangenheit gehaßt oder verletzt haben, jetzt aber Ihr möglichstes tun werden, um ihr alles zu verzeihen, damit sich die blockierte Energie zwischen Ihnen auflöst und für anderes frei wird. Versichern Sie der betreffenden Person, daß Sie ihr wohlgesonnen sind, und sagen Sie ihr: »Ich verzeihe dir und gebe dich frei. Geh deinen eigenen Weg und sei glücklich.«

   Schreiben Sie auf Ihr Papier »Ich verzeihe jetzt euch allen und gebe euch alle frei.« Werfen Sie es weg, als Zeichen dafür, daß Sie die Vergangenheit loslassen.

Viele machen die Erfahrung, daß diese Übung des Vergebens und Freigebens wahre Wunder wirkt und sie unverzüglich von ihrem lästigen Druck, ihrem angestauten Haß und ihrer Feindseligkeit befreit. Das Wunderbare daran ist, daß die anderen, selbst wenn Sie sie nie mehr wiedersehen werden, auf einer psychischen Ebene Ihr Verzeihen registrieren. Das bringt auch in ihr Leben Klarheit.

Mag sein, daß Sie sich bestimmten Menschen gegenüber (vor allem Vater und/oder Mutter, Ehemann/Ehefrau oder anderen wichtigen Menschen in Ihrem Leben) nicht erleichtert oder befreit fühlen, nachdem Sie die Übung das erste Mal gemacht haben. Machen Sie die Übung in diesem Fall in bestimmten Zeitabständen immer wieder, wünschen Sie ihnen alles Gute und verzeihen Sie ihnen immer und immer wieder, soweit es Ihnen aus tiefstem Herzen möglich ist. Am Ende ergibt sich für Sie eine Lösung. (Denken Sie daran, Sie machen es für *sich*, zu Ihrem Nutzen, es soll *Sie* gesund und glücklich machen).

Viele Menschen stellen bei körperlichen Problemen erstaunliche Heilerfolge fest, die sie dieser Übung zu verdanken haben. Es besteht ein direkter Zusammenhang zwischen vielen körperlichen Leiden wie etwa Krebs und Arthritis und angestauter Wut und unterdrücktem Haß.

2. *Denken Sie darüber nach, ob Sie jemals Menschen verletzt oder ihnen unrecht getan haben. Schreiben Sie alle Namen auf, die Ihnen einfallen und auch, was Sie ihnen angetan haben.*

Schließen Sie wieder die Augen, entspannen Sie sich und stellen Sie sich jede Person nacheinander vor. Sagen Sie ihnen jeweils, was Sie getan haben, und bitten Sie sie, Ihnen zu verzeihen. Stellen Sie sich vor, daß sie Ihre Bitte erfüllen.

Sind Sie damit fertig, schreiben Sie unten auf Ihr Blatt (oder quer darüber) »Ich verzeihe mir und spreche mich von aller Schuld frei, hier und jetzt und für immer!« Zerreißen Sie das Blatt und werfen Sie es weg.

Abschließend noch eine Übung:

Durchstöbern Sie Schränke, Schubladen, Ihre ganze Wohnung, die Garage, den Schreibtisch etc. nach ›Sachen‹, die sich im Laufe der Zeit angesammelt haben und die Sie nicht mehr brauchen. Werfen Sie sie weg oder verschenken Sie sie.

Dieses handfeste, konkrete Tun auf der physisch-gegenständlichen Ebene symbolisiert, was Sie auf der geistigen, emotionalen und psychischen Ebene machen – altes, nutzloses Zeug wegschaffen, den Energiefluß in Bewegung und Ihr ›Haus in Ordnung bringen‹. Sie werden sich großartig dabei fühlen, besonders wenn Sie währenddessen Affirmationen machen, wie etwa:

»Je mehr ich weggebe, desto mehr Raum schaffe ich für Neues, Gutes.«
»Ich liebe es, zu geben, und ich liebe es, zu empfangen.«
»Ich räume meine Wohnung auf und schaffe nutzlose Gegenstände fort. Gleichzeitig schaffe ich damit in allen Bereichen meines Lebens Ordnung und Klarheit.«
»Ich nehme mein Leben jetzt selbst in die Hand und bin bereit, alles Gute, was mir geschieht, anzunehmen.«
»Ich bedanke mich jetzt für alles Gute, was schon da ist und was noch kommen wird.«

Affirmationen schreiben

Die Technik, die ich hier beschreibe, hat rasche und tiefgreifende Veränderungen in vielen verschiedenen Bereichen meines Lebens bewirkt. Das Schreiben von Affirmationen und Klärungsübungen werden hierbei miteinander verknüpft. Ich liebe diese Technik, weil sie so einfach und leicht durchzuführen ist, aber trotzdem eine sehr tiefe Schicht anrührt.

Das Schreiben von Affirmationen ist eine Technik mit viel Dynamik, weil das geschriebene Wort unser Denken maßgeblich beeinflußt. Wir schreiben *und* lesen die Affirmationen – das ist doppelte Energie.

Wählen Sie eine Affirmation aus, mit der Sie gerne arbeiten möchten, und schreiben Sie sie 10- bis 20mal hintereinander auf ein Blatt Papier. Setzen Sie jeweils Ihren Namen ein, und schreiben Sie sie in der ersten, zweiten und dritten Person. (Ein Beispiel: Ich, Johannes, bin ein begabter Liedermacher. Johannes, du bist ein begabter Liedermacher. Johannes ist ein begabter Liedermacher.) Schreiben Sie es nicht rein mechanisch auf; denken Sie wirklich über den Sinn der Worte nach, die Sie aufschreiben. Achten Sie darauf, ob Sie gegen das Geschriebene Widerstand spüren, daran zweifeln oder negativ darüber denken. Stellen Sie so etwas auch nur andeutungsweise fest, drehen Sie das Blatt um und schreiben auf die Rückseite den negativen Gedanken, den Grund, warum die Affirmation angeblich nicht wahr sein kann, so nicht eintreffen kann oder was immer. (Beispiele: »Ich bin wirklich nicht gut genug.« »Ich bin zu alt.« »Das wird mir nicht gelingen.«) Schreiben Sie jetzt die Affirmation auf der Vorderseite weiter.

Werfen Sie einen Blick auf die Rückseite des Blattes, wenn Sie fertig sind. Sind Sie ehrlich gewesen, kann Ihnen klar werden, was Sie davon abhält, das zu haben, was Sie in diesem konkreten Fall möchten.

Behalten Sie das im Auge, und lassen Sie sich einige Affirmationen einfallen, mit deren Hilfe Sie diesen negativen Ängsten oder Glaubenssätzen entgegenwirken können. Schreiben Sie diese neuen Affirmationen auf. Vielleicht ist es auch sinnvoll, bei der ursprünglichen Affirmation zu bleiben. Oder Sie ändern sie leicht ab, um den Sachverhalt genauer zu treffen.

Machen Sie in der nächsten Zeit, ein- oder zweimal täglich, diese schriftlichen Affirmationen. Erst wenn Sie spüren, daß Ihnen Ihre negativen Programme bewußt geworden sind, können Sie sich darauf beschränken, nur noch die Affirmationen zu schreiben.

Meine Erfahrung mit dieser Technik ist folgende: in welcher Angelegenheit ich auch mit Affirmationen arbeite, das Gewünschte manifestiert sich oft innerhalb von ein paar Tagen oder schon nach einigen Stunden. Und auf diese Weise habe ich in der Regel viele wertvolle Einblicke in meine Programme bekommen.

Setzen Sie sich Ziele

Um zu bekommen, was Sie wollen im Leben, müssen Sie eine genaue Vorstellung davon haben, was Sie wirklich wollen. Das ist möglicherweise der schwierigste Teil des ganzen Prozesses, sicherlich aber auch der wichtigste.

Ich kann nur sagen, in meinem Leben ist folgendes eine unumstößliche Wahrheit: Sobald ich eindeutig und fest die Absicht habe, etwas Bestimmtes zu verwirklichen, manifestiert es sich fast augenblicklich (oft innerhalb von Stunden oder Tagen, nachdem ich es für mich zum Ziel gemacht habe), ohne daß ich mich besonders anstrengen müßte. Es macht irgendwie ›klick‹ in meinem Bewußtsein, wenn mir plötzlich ganz eindeutig klar wird, was ich will und daß ich es auch bekommen werde ... Normalerweise muß ich schon etwas Zeit und Energie für Übungen, Meditationen etc. aufwenden, um diesen Zustand von Klarheit zu erreichen. Und sehr oft sind diesem ›klick‹ Gefühle von Verwirrung, Verzweiflung, Ausweglosigkeit usw. vorausgegangen, denen ich mich stellen mußte. Es gab immer einen Weg, der mich hindurchführte. Seien Sie also unbesorgt – am dunkelsten ist es tatsächlich kurz vor der Dämmerung.

Sie können in Ihrem Leben eher erreichen, was Sie wollen, wenn Sie sich Ziele setzen. Hilfreich finde ich es oft, einige Übungen schriftlich zu machen. Ich werde sie weiter unten vorstellen. Wichtig ist es, etliche Dinge im Auge zu behalten, sobald Sie daran gehen, sich Ziele zu setzen. Stecken Sie sich Ziele, heißt das beileibe *nicht*, daß Sie an diese Ziele gebunden sind. Sie können sie ändern, sooft Sie wollen und wann immer Sie meinen, es sei nötig.

Sich Ziele zu setzen heißt auch *nicht*, sie um jeden Preis verfolgen zu müssen. Es heißt ebenfalls nicht, daß Sie darauf versessen sein müssen, sie zu erreichen. Ganz im Gegenteil, Ziele im Auge zu haben kann Ihnen helfen, leichter, müheloser und angenehmer zu leben. Das Leben ist seinem Wesen nach Bewegung und Entstehung von Neuem. Ziele geben Ihnen einen klaren Brennpunkt und eine klare Richtung, wohin Ihre natürliche schöpferische Energie fließen soll. Sie begünstigen Ihr Fließen und die Öffnung nach außen, Sie bereichern damit die Welt, was Ihnen wiederum mehr Wohlbefinden und Befriedigung im Leben verschafft. Ziele helfen Ihnen und unterstützen Sie, Ihre wahre Bestimmung zu finden.

Ziele kann man festlegen in dem Bewußtsein, daß das Leben ein Spiel ist, das Freude macht und sich ungemein lohnen kann. Man sollte das Ganze nicht allzu schwer oder allzu ernst nehmen. Gleichzeitig müssen Sie Ihren Zielen allerdings genügend Gewicht und Bedeutung beimessen... Sie merken vielleicht, daß allein das Auswählen der Ziele einigen emotionalen Widerstand in Ihnen auslöst. Das können Sie sehr unterschiedlich erleben: vielleicht fühlen Sie sich deprimiert, mutlos oder überfordert bei dem Gedanken, sich Ziele zu setzen. Oder Sie spüren womöglich den Wunsch, sich durch Essen, Schlafen oder was immer abzulenken. Diese Gefühlsreaktionen (falls sie bei Ihnen auftreten) liefern Anhaltspunkte dafür, wie Sie sich selbst den Weg zur Erfüllung Ihrer Wünsche versperren. Es ist wichtig weiterzugehen, diese Gefühle und Reaktionen bewußt zu erleben und den angefangenen Prozeß fortzuführen. Sie werden es nicht bereuen, wenn Sie sich darauf einlassen.

Erst dann wird Ihnen diese Übung gefallen. Sie wird Sie bereichern und Ihnen Klarheit geben. Außerdem macht sie Spaß. Ich hoffe es jedenfalls!

Sehen Sie zu, daß das Auswählen der Ziele nicht zu kompliziert oder zu bedeutungsschwer wird. Beginnen Sie mit einfachen, naheliegenden Dingen. Sie wissen ja, daß Sie jederzeit im Laufe Ihrer Entwicklung die Ziele umändern oder durch neue ersetzen können.

Übungen:

1. *Nehmen Sie Schreibstift und Papier zur Hand und schreiben Sie folgende Stichpunkte auf:*
   Arbeit/beruflicher Erfolg
   Geld
   Lebensstil/Besitz
   Beziehungen
   Schöpferischer Selbst-Ausdruck
   Freizeit/Reisen
   Persönliches Wachstum/Weiterbildung

Führen Sie sich nun Ihre gegenwärtige Lebenssituation vor Augen und schreiben Sie unter jeden Stichpunkt, was Sie in nächster Zukunft gerne erreichen würden, ändern oder verbessern möchten. Überlegen Sie nicht zu krampfhaft, schreiben Sie einfach alles auf, was Ihnen spontan in den Sinn kommt.

Diese Übung soll Sie locker machen und Sie zum Nachdenken bringen, was Sie in den verschiedenen Bereichen Ihres Lebens erreichen möchten.

2. *Nehmen Sie ein anderes Blatt Papier und schreiben Sie oben drauf: »So sein, wie ich sein möchte, alles tun, was ich tun möchte, alles haben, was ich haben möchte – das ist meine Idealvorstellung.«*

   Führen Sie nun die gleichen sieben Stichpunkte auf, und schildern Sie jeweils mit ein paar Sätzen (Sie können natürlich auch mehr schreiben!), welches Leben Sie gerne führen möchten, soweit Sie klare Vorstellungen darüber haben.

   Diese Übung läßt Sie über Ihre gegenwärtigen Grenzen hinausgehen, sie macht Sie offen für Neues. Lassen Sie Ihrer Phantasie freien Lauf und gönnen Sie sich wirklich alles, was Sie möchten.

   Sind Sie damit fertig, fügen Sie noch einen Punkt an – Weltlage/Umwelt. Schildern Sie, wie Sie die Welt haben möchten, was Sie sofort ändern würden, wenn es in Ihrer Macht stünde, die Dinge zu ändern – Weltfrieden, Beseitigung von Armut, die Menschen entwickeln ein Bewußtsein füreinander und für die Erde, Schulen sind inspirierende Stätten des Lernens, Krankenhäuser sind wahre Heilstätten usw. Zu diesem Stichpunkt können Sie sich beliebig viel einfallen lassen, und Sie werden sehen, Sie haben alle möglichen interessanten Ideen, die Ihnen früher nie eingefallen wären.

   Lesen Sie nun das Ganze noch einmal durch, und meditieren Sie darüber einen Augenblick. Lassen Sie in Ihrem Innern das Bild von einem wunderbaren Leben in einer schönen Welt entstehen.

3. *Nehmen Sie noch einmal ein neues Blatt. Machen Sie eine Liste mit den zehn oder zwölf wichtigsten Zielen in Ihrem Leben. Gehen Sie dabei von Ihrer Idealvorstellung aus, die Sie oben entworfen haben – greifen Sie das Wichtigste heraus. Formulieren Sie Ihre Ziele so,* wie sie jetzt im Augenblick sind. *Sie können sie ja jederzeit durch neue ersetzen oder abändern.*

4. *Jetzt schreiben Sie auf: »Meine Fünf-Jahres-Ziele« und führen Sie die wichtigsten Ziele auf, die Sie innerhalb der nächsten fünf Jahre gerne erreichen möchten.*

Es ist gut, seine Ziele wie Affirmationen zu formulieren, so als ob sie schon verwirklicht wären. So wird das Ganze noch deutlicher und wirkungsvoller. Zum Beispiel:

Ich besitze nun ein 20 Morgen großes Grundstück auf dem Land, mit einem hübschen Haus, einem Obstgarten, einem Bach und vielen Tieren.

Es gibt mir sehr viel, und es fällt mir leicht, meine eigenen Lieder für ein begeistertes und dankbares Publikum zu singen und zu spielen.

Schreiben Sie nur Ziele auf, die für Sie wichtig und real sind, Dinge, die Sie wirklich möchten, *nichts*, wo Sie nur meinen, Sie *sollten sie eigentlich mögen.* Sie brauchen niemandem Ihre Ziele zu verraten, nur wenn Sie wollen. Bei dieser Übung müssen Sie ganz ehrlich zu sich selbst sein.

5. *Verfahren Sie genauso bei Ihren Ein-Jahres-Zielen. Stellen Sie nicht zu viele auf; streichen Sie alle außer den fünf oder sechs wichtigsten, wenn Sie zu viele zusammengetragen haben. Vergewissern Sie sich, daß sie eine ähnliche Ausrichtung wie Ihre Fünf-Jahres-Ziele haben. Achten Sie also darauf, daß sie in die gleiche allgemeine Richtung gehen. Auf diese Weise kommen Sie auch Ihren Fünf-Jahres-Zielen einen Schritt näher. Haben Sie zum Beispiel das Fünf-Jahres-Ziel, ein eigenes Geschäft zu besitzen, könnte für Sie ein Ein-Jahres-Ziel sein, dafür zu sparen oder in einem ähnlichen Geschäftszweig zu arbeiten, wo Sie einschlägige Erfahrungen sammeln können.*

   Schreiben Sie nun Ihre Ziele für die nächsten sechs Monate auf, für den kommenden Monat und die nächste Woche (jeweils von heute an gerechnet). Bleiben Sie bei einfachen Zielen, und wählen Sie drei oder vier davon aus, die Ihnen am wichtigsten sind. Schätzen Sie realistisch ein, wieviel kurzfristige Ziele Sie innerhalb der festgesetzten Zeit erreichen können.

   Achten Sie wieder darauf, daß sie in dieselbe Richtung wie Ihre langfristigen Ziele gehen.

Vielleicht haben Sie Schwierigkeiten, sich so eingehend mit Ereignissen zu beschäftigen, die noch weit in der Zukunft liegen, und Sie fühlen sich nicht wohl dabei, Ihr Leben vorauszuplanen. Einen Plan zu machen verpflichtet aber noch zu nichts; in Wirklichkeit kommen Sie nicht umhin, Ihre Pläne immer wieder erheblich zu ändern. Zweck dieser Übung ist:

a) Übung darin zu bekommen, sich Ziele zu setzen
b) die Möglichkeit in Betracht zu ziehen, daß einige Ihrer Wunschträume Wirklichkeit werden *können*, wenn Sie wirklich wollen
c) eine Beziehung bekommen zu einigen wichtigen Zielen und Entwicklungstendenzen in Ihrem Leben.

Ich schlage vor, Sie halten Ihre Ziele im Notizbuch fest. Von Zeit zu Zeit nehmen Sie Ihr Notizbuch zur Hand und machen noch einmal einige Übungen. Wenn nötig, überprüfen Sie Ihre Ziele und formulieren sie neu. Denken Sie daran, auf Ihren Arbeitsblättern jedesmal das Datum zu vermerken. Legen Sie sie chronologisch in Ihr Notizbuch, denn es ist sehr interessant und informativ, rückblickend zu erkennen, wie sich Ziele allmählich ändern.

Einige allgemeine Hinweise:

1. Bleiben Sie bei kurzfristigen Zielen (eine Woche, einen Monat) ganz einfach und realistisch – wählen Sie etwas aus, das Sie ziemlich sicher erreichen können, außer Sie haben besondere Lust, eine große Herausforderung anzunehmen (was manchmal auch sehr gut sein kann). Je langfristiger Ihr Ziel ist, desto umfassender und phantasievoller kann es sein. So erweitert sich Ihr Horizont ständig.

2. Üben Sie keine Selbstkritik und sehen Sie sich nicht als Versager, wenn Sie feststellen, daß Sie einige Ihrer Ziele nicht erreicht haben, und werden Sie sich klar darüber, ob sie für Sie noch Ziele sind; entscheiden Sie also, ob Sie sie noch einmal als Ihre Ziele festlegen oder fallenlassen wollen. Es ist *ungemein* wichtig, sich auf diese Weise bewußt zu machen, welche Ziele Sie nicht erreicht haben. Andernfalls setzen sie sich irgendwo in Ihren Gedanken fest, und Sie fühlen sich unterschwellig als ›Versager‹. In Zukunft vermeiden Sie es dann vielleicht, sich Ziele zu setzen.

3. Loben Sie sich auf jeden Fall für ein *erreichtes Ziel,* auch wenn es nur ein kleines Ziel ist. Gratulieren Sie sich, und genießen Sie zumindest einen Augenblick Ihre Befriedigung darüber. Allzuoft verwirklichen wir unsere Ziele und bemerken es nicht einmal oder vergessen, uns darüber zu freuen!

4. Übernehmen Sie sich nicht. Setzen Sie sich Ziele, bei denen Sie ein gutes Gefühl haben. Fühlen Sie sich überfordert, verwirrt oder entmutigt ... nehmen Sie einfachere. Vielleicht wollen Sie nur an Zielen aus einem Lebensbereich arbeiten (Arbeit, Beziehungen). Diese Übung soll Ihnen letzten Endes helfen, das Leben mehr zu genießen.

Erreichen Sie gesetzte Ziele nicht, sind sie wahrscheinlich entweder unrealistisch hoch angesetzt, oder Sie haben diese Ziele in Wahrheit nicht und streben sie deshalb innerlich gar nicht an. Wählen Sie Ziele, die Ihren innersten Wünschen entsprechen.

Ihre Ziele sollten Ihnen ein *gutes* Gefühl geben – Sie aufbauen, öffnen, herausfordern, sie sollten Ihnen Spaß machen. Finden Sie neue, wenn es nicht so ist!

Idealvorstellungen

Kreatives Visualisieren kann verschiedene Formen annehmen: geistige Bilder, gesprochenes Wort (Affirmationen), geschriebenes Wort, Zeichnungen oder Bilder (Schatzkarte). Je klarer Ihre Idealvorstellungen sind, um so leichter haben Sie mit kreativem Visualisieren Erfolg.

Schreiben hilft Ihnen, Ihre Vorstellungen zu verdeutlichen. Im Laufe dieser Übung wird Ihnen innerlich klar, was Sie wirklich wollen, und Sie werden es leichter verwirklichen können. Ich wende sie für alle Ziele an, die mir wichtig sind.

Übung:

Denken Sie an ein Ziel, das Ihnen wichtig ist. Es kann ein langfristiges oder kurzfristiges sein.

Fassen Sie das Ziel in einem Satz so klar wie möglich zusammen, und schreiben Sie ihn auf.

Schreiben Sie darunter ›Meine Idealvorstellung‹. *Schildern Sie sie möglichst genau in der Gegenwartsform, als ob alles schon Wirklichkeit wäre, in so vielen Einzelheiten, wie Sie wollen.*

Schreiben Sie anschließend ganz unten hin:

»Dies oder etwas Besseres manifestiert sich jetzt für mich auf eine völlig befriedigende Weise«,

fügen Sie noch weitere Affirmationen hinzu, wenn Sie möchten, und setzen Sie Ihre Unterschrift darunter.

Setzen Sie sich nun ruhig hin, entspannen Sie sich, visualisieren Sie Ihre Idealvorstellung, gehen Sie dabei in einen meditativen Zustand, und machen Sie Ihre Affirmationen.

Halten Sie Ihre Idealvorstellung im Notizbuch fest, bringen Sie sie im Schreibtisch unter. Legen Sie sie neben das Bett oder hängen Sie sie an die Wand. Lesen Sie sie oft durch, und verändern Sie sie, wenn nötig. Besinnen Sie sich während Ihrer Meditationsübungen auf sie.

Eine Warnung ... legen Sie sie in eine Schublade und denken nicht mehr daran, werden Sie höchstwahrscheinlich eines Tages feststellen, daß sie sich manifestiert hat ... ohne daß Sie bewußt Energie aufgewendet haben.

Ich habe oft meine alten Ziele, Idealvorstellungen und Schatzkarten durchgesehen und überrascht entdeckt, daß Dinge, die ich total vergessen hatte, auf wunderbare Weise in meinem Leben Wirklichkeit geworden sind, fast genauso, wie ich es mir ursprünglich vorgestellt hatte.

Schatzkarten

Das Anfertigen einer ›Schatzkarte‹ ist eine sehr wirkungsvolle Technik, und es macht Spaß.

Eine Schatzkarte ist ein reales, konkretes Bild einer Wirklichkeit, die ganz Ihren Wünschen entspricht. Sie leistet gute Dienste, weil sie ein besonders klares, scharfes Bild zeichnet, das Energie anzieht und auf Ihr Ziel konzentriert. Sie ist zu vergleichen mit einem Bauplan, den ein Architekt entwirft.

Eine Schatzkarte kann gezeichnet, gemalt oder als Collage gemacht werden. Die dazu nötigen Bilder und Texte können Sie aus Zeitschriften, Büchern, Karten, Photos, Aufdrucken, Zeichnungen usw. ausschneiden. Keine Angst, wenn Sie künstlerisch nicht perfekt sind. Einfache, kindliche Schatzkarten haben dieselbe Wirkung wie große Kunstwerke!

Grundsätzlich sollte eine Schatzkarte aufzeigen, wie Sie ›in Ihrer Idealvorstellung‹ sind und Ihr Ziel ganz verwirklichen.

Hier sind ein paar Hinweise, wie Sie Schatzkarten anfertigen können, damit sie die größte Wirkung haben:

1. Eine Schatzkarte sollte nur ein einziges Ziel oder einen einzigen Bereich Ihres Lebens zum Thema haben. So können Sie auf alle wesentlichen Aspekte eingehen, und sie bleibt dennoch überschaubar. Sie können sich natürlich intensiver und leichter auf ein Ziel konzentrieren als auf mehrere. Vielleicht legen Sie eine Schatzkarte für Ihre Beziehungen, eine für Ihre Arbeit, eine für Ihr spirituelles Wachstum usw. an.

2. Ihre Schatzkarte kann jede beliebige Größe haben. Eine Möglichkeit ist, sie ins Notizbuch zu legen, an die Wand zu hängen oder in der Tasche/Geldbörse mit sich zu führen. Ich verwende gewöhnlich für meine Schatzkarte leichtes Kartonpapier, das länger hält als einfaches Papier.

3. Sie selbst dürfen natürlich im Bild nicht fehlen. Nehmen Sie ein Photo von sich. Das wirkt sehr realistisch. Sie können sich aber auch selbst zeichnen. Zeigen Sie sich, wie Sie ein ersehntes Ziel sind, tun oder haben – Sie machen eine Weltreise, Sie sind neu eingekleidet oder stolze Autorin Ihres neuen Buches etc.

4. Stellen Sie immer eine ideale und abgeschlossene Situation dar, so, als ob sie bereits existieren würde. Sie brauchen nicht anzugeben, *wie* es dazu kommen wird. Hier ist nur das Endergebnis zu sehen. Verzichten Sie auf Negatives oder Unerwünschtes.

5. Gestalten Sie Ihre Schatzkarten immer sehr farbenprächtig. Das verstärkt die Wirkung auf Ihr Bewußtsein.

6. Zeigen Sie sich in einer realen Situation, die für Sie glaubwürdig ist.

7. Ein Unendlichkeitssymbol, das Ihnen Sinn und Kraft gibt, sollte nicht fehlen. Es könnte ein Zeichen für ›om‹, ein Kreuz, Christus, ein Buddha, eine strahlende Sonne oder etwas sein, das die universale Intelligenz oder Gott repräsentiert. Dies ist ein Ausdruck des Dankes und der Erinnerung, daß die unendliche Quelle Ursprung für alles ist.

8. Schreiben Sie jeweils passende Affirmationen auf Ihre Schatzkarten. *»Hier fahre ich gerade mit meinem neuen Camping-Bus. Er gefällt mir sehr, und ich habe genug Geld, um ihn zu unterhalten.«*

Vergessen Sie auch die kosmische Affirmation nicht: *Dies oder etwas Besseres manifestiert sich nun für mich und alle Beteiligten auf völlig befriedigende und harmonische Weise.«*

Eine Schatzkarte anzufertigen bringt Sie Ihrem Ziel einen großen Schritt näher. Nehmen Sie sich täglich ein paar Minuten Zeit und betrachten Sie sie in Ruhe. Denken Sie von Zeit zu Zeit daran. Mehr ist nicht nötig.

Einige Vorschläge zur Gestaltung der Schatzkarten

Nun zur Anregung Ihrer Phantasie ein paar Ideen, wie Schatzkarten aussehen können:

Gesundheit: Stellen Sie sich völlig gesund, aktiv, strahlend schön und bei Aktivitäten dar, die Ihre blühende Gesundheit unter Beweis stellen.

Gewicht oder körperliche Verfassung: Bilden Sie sich mit einem Körper ab, der Ihrem Ideal entspricht (schneiden Sie aus einer Zeitschrift ein Bild mit Ihrem Idealkörper aus, und kleben Sie ein Portrait-Photo auf diesen Körper!)

Fühlen Sie sich gut dabei! Sie können wie in Comics Sprechblasen einzeichnen und hineinschreiben, wie Sie sich fühlen, zum Beispiel: *»Mit meinen 65 kg fühle ich mich blendend und sehe phantastisch aus. Ich bin in ausgezeichneter körperlicher Verfassung.«*

Selbst-Bild und Schönheit: Zeigen Sie sich, wie Sie gerne sein möchten ... schön, entspannt, lebenslustig, herzlich und liebevoll. Wählen Sie Begriffe und Symbole, die Ihrer Meinung nach für diese Eigenschaften stehen. Beziehungen: Kleben Sie auf Ihre Schatzkarte Photos von sich selbst und Ihrem Freund/Ihrer Freundin, Ihrem Liebhaber/Ihrer Liebhaberin, Mann, Frau oder Kind mit Bildern, Symbolen und Affirmationen, die deutlich machen, daß Sie glücklich, liebevoll, offen sind, eine tiefe, wunderbare sexuelle Beziehung haben und sie genießen usw.

Wählen Sie Bilder und Begriffe, die zum Ausdruck bringen, welche Eigenschaften Sie bei einem/einer neuen Partner/-in und in einer neuen Beziehung finden möchten, vorausgesetzt, Sie sind auf der Suche nach einer neuen Beziehung; zeigen Sie sich mit Ihrem idealen Partner/Ihrer idealen Partnerin.

Arbeit oder beruflicher Erfolg: Sie machen das, was Sie wirklich machen wollen, mit interessanten, angenehmen Mitarbeitern. Sie verdienen eine Menge Geld (legen Sie genau fest, wieviel), an dem Ort, wo Sie sein möchten und andere wichtige Einzelheiten.

Kreativität: Verwenden Sie als Zeichen Ihrer wachsenden Kreativität Symbole, Farben und Bilder, die andeuten, daß Sie wirklich kreativer werden. Sie machen und verwirklichen kreative, schöne, interessante Dinge und fühlen sich großartig dabei.

Familie und Freunde: Ihre Familienangehörigen oder Freundinnen/Freunde verstehen sich ausgezeichnet, und Sie haben alle eine völlig harmonische, liebevolle Beziehung zueinander.

Reisen: Sie sind, wo Sie gerne sein möchten, mit viel Zeit und Geld, um es genießen zu können.

Gesundheit und Schönheit

Es gibt viele Möglichkeiten, kreatives Visualisieren zu nutzen, um gesund, körperlich fit und schön zu bleiben und noch gesünder, leistungsfähiger und schöner zu werden. Unsere inneren Einstellungen bestimmen, wie gesund und attraktiv wir sind. Somit kann es sich auf den Körper spürbar auswirken, wenn wir unsere Glaubenssätze und die Art ändern, wie wir mit uns selbst und der Welt umgehen.

Ich habe schon erwähnt, wie nützlich gerade in diesem Bereich die Schatzkarten sind. Hier sind ein paar andere Techniken, die ich gerne anwende. Ich bin mir sicher, Sie finden selbst noch viel mehr.

Körperliches Training

Egal, welche Art Körpertraining Sie machen, mit Hilfe von kreativem Visualisieren und Affirmationen können Sie größten Nutzen daraus ziehen und sehr viel Spaß daran haben. Visualisieren Sie während Ihres Trainings, beim Meditieren oder Entspannen.

Angenommen, Sie laufen gerne. Stellen Sie sich vor, wie Sie sehr schnell, geschmeidig und leicht laufen. Denken Sie sich beim Laufen, daß Sie mit jedem Schritt einen riesigen Sprung machen und mühelos eine beträchtliche Strecke zurücklegen.

Sie fliegen geradezu. Bekräftigen Sie in Entspannungsphasen (machen Sie Affirmationen), daß Sie täglich schneller, stärker werden und eine bessere Figur bekommen. Malen Sie sich aus, wie Sie Rennen gewinnen, falls Sie dieses Ziel haben.

Für den Fall, daß Sie Tanz- oder Yogaübungen machen: Gehen Sie während der Übungen mit Ihrem Bewußtsein in Ihren Körper, in Ihre Muskeln, stellen Sie sich vor, wie sie sich strecken und entspannen, sehen Sie, wie Sie immer gelenkiger und geschmeidiger werden.

Nutzen Sie kreatives Visualisieren, um Ihre Leistungen in Ihrer Lieblingssportart zu steigern; stellen Sie sich vor, wie Sie immer besser und besser werden, bis Sie wirklich ein überragender Sportler sind.

Schönheitspflege

Tun Sie Ihrem Körper regelmäßig etwas Gutes, und entdecken Sie Ihre Liebe für sich selbst. Durch kreatives Visualisieren kann die tägliche Körperpflege zu einem Ritual der Schönheitspflege werden.

Ein Beispiel: Nehmen Sie ein heißes Bad oder duschen Sie sich und visualisieren Sie, daß Sie das heiße Wasser völlig entspannt, beruhigt und heilt. Sehen Sie, wie alle Probleme dahinschmelzen oder weggewaschen werden und nichts übrigbleibt außer Ihrer natürlichen Ausstrahlung, die von innen heraus kommt.

Cremen Sie Gesicht und Körper mit einer Lotion oder einem Öl ein. Machen Sie es mit viel Liebe, und sagen Sie sich als Affirmation, daß Ihre Haut immer weicher und schöner wird. Seien Sie ganz bei der Sache, wenn Sie Ihre Haare waschen. Bestätigen Sie sich mit Affirmationen, daß Ihr Haar dicker, glänzender und gesünder als je zuvor ist. Sagen Sie sich innerlich beim Zähneputzen, daß Ihre Zähne fest, gesund und schön sind.

Essen als Ritual

Viele Menschen haben eine negative Einstellung zum Essen. Wir haben Angst, daß uns das, was wir essen, dick oder krank macht oder ungesund sein könnte. Und dennoch haben wir die Neigung, wie unter Zwang immer wieder genau das zu essen, was uns tatsächlich dick oder krank macht. Dies löst in uns Streß und Konflikte aus, und das Endergebnis heißt – Übergewicht und Krankheit, was wir ja gerade vermeiden wollten.

Auch sind viele Menschen beim Essen sehr unbewußt. Wir sind so damit beschäftigt, über alles mögliche zu reden und an andere Dinge zu denken, daß wir gar nicht mehr den köstlichen Wohlgeschmack und Nährwert unserer Nahrung wahrnehmen.

Essen ist in der Tat ein magisches Ritual, ein erstaunlicher Vorgang: Verschiedene Energieformen aus dem Universum werden in Energie umgewandelt, die unseren Körper aufbaut. Was immer wir beim Essen denken und fühlen, es gehört zu diesem magischen Umwandlungsprozeß.

Hier ist ein Ritual, das Sie, wenn möglich, wenigstens einmal am Tag durchführen sollten. Es spielt keine Rolle, was Sie essen:

Setzen Sie sich. Das Essen ist vor Ihnen. Schließen Sie für einen Moment die Augen, entspannen Sie sich und machen Sie einen tiefen Atemzug. Bedanken Sie sich in Gedanken für dieses Essen beim Universum, und danken Sie all denen, die mitgeholfen haben, daß es jetzt auf dem Tisch steht: den Pflanzen und Tieren, den Menschen, die es angepflanzt, gezüchtet, gepflegt und für Sie zubereitet haben.

Machen Sie die Augen auf und betrachten Sie das Essen; schauen Sie wirklich genau hin, wie es aussieht. Achten Sie darauf, wie es riecht. Fangen Sie langsam zu essen an; nehmen Sie den Geschmack wirklich voll in sich auf. Genießen Sie es. Während Sie essen, sagen Sie still in Gedanken, daß dieses Essen in Lebensenergie umgewandelt wird, zu Ihrem Nutzen. Sagen Sie sich, daß Ihr Körper alles aufnimmt, was er braucht und mühelos alles ausscheidet, was er nicht braucht. Stellen Sie sich vor, daß Sie dieses Essen gesünder und schöner macht, ungeachtet dessen, wie Ihre Meinung dazu bisher war.

Essen Sie nach Möglichkeit langsam, und verweilen Sie nach dem Essen noch ein, zwei Augenblicke, um die angenehme Wärme zu genießen, die von Ihrem Magen ausgeht, wenn er wunschlos glücklich ist.

Stimmen Sie sich öfter so auf das Essen ein, und Sie werden mit Sicherheit schöner und gesünder.

Hier ist ein anderes Ritual, das noch einfacher ist:

Gießen Sie sich kühles Wasser in ein großes Glas ein, vor dem Schlafengehen, wenn Sie aufstehen oder irgendwann im Laufe des Tages. Setzen Sie sich, entspannen Sie sich und trinken es langsam. Sagen Sie sich beim Trinken, daß dieses Wasser das Lebenselixier und ein Jungbrunnen ist. Stellen Sie sich vor, wie es alle Unreinheiten wegwäscht und Ihnen Energie, Lebensfreude, Schönheit und Gesundheit schenkt.

Abschließend einige gute Affirmationen zum Thema Gesundheit und Schönheit:

Ich werde mit jedem Tag schöner und strotze nur so vor Gesundheit.
Alles, was ich tue, macht mich gesünder und schöner.

Alles, was ich esse, macht mich gesünder, schöner, schlanker und attraktiver.
Ich bin gut zu meinem Körper, und mein Körper ist gut zu mir.
Ich bin nun schlank, kräftig und in Höchstform, ganz egal, was ich mache.
Ich werde jeden Tag kräftiger und dynamischer.
Ich habe jetzt nur noch Lust auf Speisen, die mir guttun.
Je mehr ich mich liebe und schätze, um so schöner werde ich.
Ich bin nun für Männer (oder Frauen) unwiderstehlich.

Kreatives Visualisieren in Gruppen

Fast alle Techniken, die ich in diesem Buch vorgestellt habe, können etwas abgewandelt ohne weiteres auch in Gruppen angewandt werden. Kreatives Visualisieren eignet sich besonders gut für Gruppenarbeit, weil eine Gruppe mehr Energie hat als ein einzelner. Es besteht die Tendenz, daß sich die Gruppenmitglieder mit ihrer Energie gegenseitig unterstützen. Das Ganze ist dann mehr als die Summe seiner Teile.

Es spielt keine Rolle, um welche Gruppe es sich handelt, ob es nun Ihre Familie oder eine Gruppe von Freunden, eine Arbeitsgruppe, eine gesellschaftliche Gruppe, eine kirchliche oder spirituelle Gruppe, eine Fortbildungsgruppe oder Klasse ist, kreatives Visualisieren gibt Ihnen effektive Hilfsmittel an die Hand, um Ihre Gruppenziele zu erreichen oder Sie tiefer aufeinander einzulassen.

Hier sind noch ein paar weitere gute Möglichkeiten, wie Sie kreatives Visualisieren in einer Gruppe individuell anwenden können.

Singen und Chanten (Sprechgesang). Wählen Sie Lieder oder Sprechgesänge aus, die ein Gefühl, eine Idee oder eine Haltung ausdrücken, die Sie in sich selbst und auf der ganzen Welt entstehen lassen oder fördern wollen. Musik eignet sich hervorragend dazu, etwas zu verändern.

Meditieren und sich bildlich etwas vorstellen. Wählen Sie ein Ziel oder Bild aus. Alle sitzen in stiller Meditation, visualisieren es und machen gemeinsam Affirmationen dazu. Sie werden wahrscheinlich über die Ergebnisse staunen.

Schatzkarten anfertigen. Jedes Gruppenmitglied fertigt seine eigene Schatzkarte an, die ein Ziel der ganzen Gruppe zum Thema hat. Oder die Gruppe entwirft gemeinsam eine Schatzkarte. Oder Sie können sogar ein paar Leute beauftragen, eine Schatzkarte zu machen!

Affirmationen. Geben Sie sich gegenseitig in einer Partnerübung Affirmationen, wie ich es im Kapitel ›Affirmationen können auf verschiedene Art gemacht werden‹ beschrieben habe. Oder die ganze Gruppe spricht gemeinsam laut Affirmationen.

Heilen. In Gruppen zu heilen ist eine wunderbare Erfahrung. Vergleichen Sie das Kapitel ›Heilmeditationen‹!

Kreatives Visualisieren in Beziehungen

Kreatives Visualisieren ist u. a. vorzüglich dafür geeignet, unsere Beziehungen zu verbessern. Wir sind als menschliche Wesen auf vielen Ebenen so sensibel füreinander; deshalb sind wir auch besonders dafür empfänglich und spüren intuitiv, wie wir uns gegenseitig einschätzen. Die Qualität dieser Gedanken und die zugrundeliegenden Einstellungen, die sie widerspiegeln, prägen entscheidend unsere Beziehungen und bestimmen, ob sie glücklich sind oder nicht.

In einer Beziehung, wie sonst auch, bekommen wir genau das, woran wir glauben, was wir erwarten und aus tiefstem Herzen ›erbitten‹. Die Menschen, mit denen wir eine Beziehung haben, sind immer ein Spiegel, in dem wir unsere Glaubenssätze sehen können, und gleichzeitig sind wir für sie ein Spiegel, der ihnen ihre Glaubenssätze zeigt. Deshalb haben wir in einer Beziehung sehr viele Chancen, zu wachsen; wenn wir unsere Beziehungen ehrlich anschauen, können wir klar erkennen, daß sie unsere ureigensten Produkte sind.

Übernehmen Sie voll und ganz die Verantwortung für Ihre Beziehungen. Gehen Sie einmal für einen Moment davon aus, daß nur Sie allein dafür verantwortlich sind, auch wenn Sie meinen, Ihre Partner/-innen seien für gewisse Dinge verantwortlich. Erleben Sie in der Beziehung etwas als unbefriedigend, fragen Sie sich selbst, warum und wie Sie die Situation so geschaffen haben, wie sie ist. Versuchen Sie, Ihre tiefsitzenden Glaubenssätze aufzuspüren, die dafür verantwortlich sind, daß Sie keine befriedigende, glückliche, liebevolle Beziehung haben. Was ist der Lohn dafür, daß Sie unglücklich bleiben wollen und auch noch selbst daran schuld sind? (Es gibt immer eine Belohnung für das, was wir tun; sonst würden wir es sicher nicht tun.)

Ihr *sehnlichster Wunsch* ist, rundum befriedigende, glückliche Beziehungen in Ihrem Leben zu haben, Sie *glauben* daran, daß Sie sie haben können, und Sie sind bereit, das Glück und die Befriedigung solcher Beziehungen *anzunehmen* – dann können Sie und werden Sie auch Beziehungen haben, in denen Sie sich wohl fühlen.

Hier ein paar Tips, wie Sie Ihre Beziehungen verbessern können:

1. Machen Sie sich klar, welche Ziele Sie in der Beziehung haben. Was erhoffen Sie sich? Was erwarten Sie? Ziehen Sie alle Ebenen in Betracht – körperlich, emotional, geistig und spirituell. Skizzieren Sie Ihre Idealvorstellung oder fertigen Sie eine Schatzkarte an, die zum Ausdruck bringt, wie Ihre Idealbeziehung aussehen soll.

2. Schauen Sie gründlich und ehrlich hin, welche Glaubenssätze und Einstellungen Sie daran hindern, Ihre Wünsche zu verwirklichen. Sie können eine Klärungsübung machen, um leichter an Einstellungen, die Sie einschränken, heranzukommen, etwa so: »Ich kann keine ideale Beziehung mit ________ haben, weil ...« oder »Ich kann in dieser Beziehung nicht bekommen, was ich möchte, weil ...« Schreiben Sie alles auf, was Ihnen spontan dazu einfällt.

3. Verändern Sie mit Hilfe von Affirmationen und bildlicher Vorstellung Ihre negativen Glaubenssätze, und fangen Sie an, schöne, liebevolle, befriedigende Beziehungen zu visualisieren und zu erschaffen.

4. Die Technik, sich gegenseitig in einer Partnerübung Affirmationen zu sagen, trägt oft dazu bei, Beziehungen deutlich zu verbessern. Natürlich ist es sehr wichtig, daß Sie sich Ihre wahren Gefühle sagen, was Sie mögen und was nicht und welche Wünsche Sie haben. Aber versuchen Sie sich auf folgendes zu einigen: *Bestätigen* Sie sich gegenseitig *mit Affirmationen*, daß Ihr persönliches Wachstum und Ihre Entwicklung gute Fortschritte machen und Sie sich positiv verändern, anstatt ständig über die Fehler und Schwächen des Partners/der Partnerin zu klagen. Vielleicht sagen Sie zu Georg bei passender Gelegenheit lieber: »Ich finde es gut, daß du immer besser zuhören kannst« – und nicht: »Georg, warum unterbrichst du mich immer, wenn ich etwas sage?« Auf diese Art erinnern Sie nicht nur Georg freundlich daran, besser zuzuhören, sondern ändern allmählich auch das Bild, das Sie von Georg haben, und das Bild, das Georg von sich selbst hat.

Das Potential zur Vervollkommnung ist, wie Sie wissen, in jeder Beziehung, wie es auch in jedem Individuum ist. Es ist schon alles da, wir müssen nur das ganze ›Gerümpel‹ wegräumen, das wir oben draufgeschüttet haben.

Allzuoft ist es in unseren Beziehungen so, daß wir uns gegenseitig im Laufe der Zeit bestimmte Rollen zuweisen und ein bestimmtes Bild voneinander haben. Wir haben uns festgefahren und merken, wie schwer es ist, davon wieder loszukommen. Es ist, als ob wir uns selbst und andere in eine Schachtel mit bestimmten Etiketten steckten. Wir erleben das als sehr einschränkend und einengend, wissen aber oft nicht, wie wir wieder herausspringen können.

Durch kreatives Visualisieren sind wir in der Lage, aus unseren Rollen und Klischees herauszuschlüpfen. Fangen Sie an, neue Bilder von sich und anderen zu visualisieren und dazu passende Affirmationen zu machen; sehen Sie das Potential zu positiver Veränderung in jedem Menschen und in jeder Situation, unterstützen Sie eine solche Veränderung mit kreativem Visualisieren.

TEIL
5

Kreativ leben

Eine Manifestation ist erst dann gelungen,
wenn sie das Bewußtsein verändert oder
erweitert;
das heißt, durch sie hat sich Gott geoffenbart,
oder er zeigt sich deutlicher,
so wie sie auch eine Form erschafft …

David Spangler
in *Manifestation*

Kreatives Bewußtsein

Kreatives Visualisieren ist nicht nur eine Methode, sondern letztlich ein Bewußtseinszustand. In diesem Bewußtsein begreifen wir, daß wir selbst unsere Welt dauernd so erschaffen, wie sie ist, und jeden Augenblick dafür Verantwortung übernehmen.

Wir sind nicht von Gott getrennt; wir sind die göttliche Ausdrucksform des schöpferischen Prinzips auf dieser Existenzebene. Es kann gar keinen echten Mangel oder echte Not geben; wir brauchen uns nicht anzustrengen, um etwas zu erreichen oder zu bekommen; wir haben alles schon in uns – es wartet darauf, entdeckt zu werden.

Manifestation durch kreatives Visualisieren ist ein Prozeß, der unser göttliches Potential auf der körperlichen Ebene verwirklicht und sichtbar macht.

Unsere wahre Bestimmung

Ein menschliches Grundbedürfnis ist, der Welt und unseren Mitmenschen Gutes zu tun, wie wir auch unser eigenes Leben bereichern und genießen wollen. Wir alle können der Welt und einander eine Menge geben, jeder auf seine ganz besondere und einmalige Art. Unser persönliches Wohlbefinden hängt in ganz hohem Maße davon ab, wie intensiv wir das tun.

Jeder von uns hat einen wichtigen Beitrag in diesem Leben zu leisten. Das können viele Dinge oder etwas ganz Einfaches sein. Ich nenne diesen Beitrag ›unsere wahre Bestimmung‹:

Sie sind dabei ganz Sie selbst, ohne Abstriche, vollkommen natürlich, und alles, was Sie machen – ob nun viel oder wenig –, machen Sie wirklich gerne und haben keine Mühe damit.

In unserem Herzen wissen wir alle, was unsere wahre Bestimmung ist, wollen dies aber oft nicht einmal uns selbst gegenüber eingestehen. Tatsache ist, daß die meisten Menschen scheinbar alles daransetzen, ihre wahre Bestimmung vor sich selbst und der Welt verborgen zu halten. Es gibt Kraft, Klarheit, und es schafft Verantwortung, sich zu seiner wahren Bestimmung im Leben zu bekennen und sie zu erfüllen – davor haben sie Angst und versuchen, dies zu vermeiden.

Durch kreatives Visualisieren stimmen Sie sich immer mehr auf Ihre wahre Bestimmung ein, und sie wird Ihnen immer bewußter. Achten Sie auf Elemente, die häufig in Ihren Träumen, Zielen und Phantasien auftauchen, vielleicht fällt Ihnen so etwas wie ein ›roter Faden‹ in Ihrem Leben auf. Das sind wichtige Schlüssel, um den tieferen Sinn und Zweck Ihres Lebens zu erkennen.

Sie werden folgende Erfahrung des kreativen Visualisierens machen: Je mehr Sie sich Ihrer wahren Bestimmung annähern, um so größer wird die Fähigkeit, etwas zu manifestieren. Wenn Sie etwas zu manifestieren versuchen und es scheint Ihnen nicht zu gelingen, entspricht es Ihrer wahren Bestimmung nicht. Haben Sie Geduld und hören Sie auf Ihre innere Stimme. Im nachhinein werden Sie sehen, daß alles gut war und ist.

Gegenwärtig finden auf unserem Planeten große Umwandlungen statt. Wir alle tragen unseren Teil dazu bei – durch die Bereitschaft, unser wahres, großartiges Selbst zu sein.

Ihr Leben ist Ihr Kunstwerk

Ich sehe mich gerne als Künstlerin, und mein Leben ist mein größtes Kunstwerk. Jeder Augenblick ist ein Augenblick der Schöpfung, der unendlich viele Möglichkeiten in sich birgt. Ich kann etwas so machen, wie ich es immer schon gemacht habe, oder ich kann mir all die verschiedenen Alternativen dazu ansehen und etwas Neues, anderes und möglicherweise Lohnenderes versuchen. Jeder Augenblick bringt eine neue Gelegenheit, und Sie können sich immer wieder neu entscheiden.

Welch wunderbares Spiel wir doch alle spielen, und welch großartige Kunstform …!

BUCH
2

ARBEITSTEIL KREATIV VISUALISIEREN

Wie man den Arbeitsteil benutzt

Der Zweck dieses Arbeitsteiles besteht darin, Ihnen eine Fülle von Beispielen für die Anwendung einiger einfacher, wirkungsvoller Techniken zu liefern. Wenn Sie den Arbeitsteil eine Zeitlang benutzt haben, so daß keine Seite mehr frei ist, können Sie sich in einem Schreibheft oder einem Schnellhefter Ihr eigenes Arbeitsbuch anlegen, mit Kapiteln, die sich an den Kapiteln dieses Buches orientieren. (Oder Sie haben bis dahin Ihre eigene, ganz spezielle Vorgehensweise entdeckt.)

Die Benutzung des Arbeitsteiles soll Ihnen Freude bereiten, nehmen Sie das Ganze deshalb nicht zu ernst. Spielen Sie damit! Wenn es keinen Spaß mehr macht oder Sie das Interesse verlieren, legen Sie das Buch einfach für eine Weile zur Seite und machen Sie etwas anderes, was Ihnen gerade mehr Freude macht und interessanter ist. Nehmen Sie das Buch erst wieder zur Hand, wenn Ihnen wirklich danach ist.

Der 6. Teil des Buches macht Sie mit einigen grundlegenden Techniken des kreativen Visualisierens vertraut und gibt Ihnen Gelegenheit, sich in diesen Techniken zu üben.

Im 7. Teil lernen Sie, sich Ziele zu setzen auf eine Weise, die Spaß macht und inspiriert. So können Sie mehr Klarheit und Bestimmtheit in Ihr Leben bringen.

Das folgende Kapitel (8. Teil) hilft Ihnen dabei, negative Gedanken und Glaubenssätze aufzuspüren und aus dem Weg zu räumen.

Im 9. Teil bekommen Sie Gelegenheit, einige der Basis-Techniken auf die verschiedenen Bereiche Ihres Lebens anzuwenden.

Der letzte Teil enthält einige besondere Techniken, durch die Sie besser in Kontakt mit Ihrer Intuition und Kreativität kommen und positive Energie erzeugen können.

Nur zum Spaß habe ich am Ende des Buches eine Seite eingefügt, auf der Sie, immer wenn Sie mit dem Buch gearbeitet haben, eine Eintragung machen und sich einen goldenen Stern einkleben können, wenn Sie das möchten!

Folgende Hilfsmittel benötigen Sie:

1. Einen Füller oder Bleistift, mit dem Sie besonders gerne schreiben. Manche Leute haben einen bestimmten Füller, den sie nur benutzen, wenn sie in dieses Buch schreiben – eine Art ›magischen Füller‹.
2. Buntstifte oder Malkreide, um Schatzkarten zu malen. Sie können aber auch Wasserfarben und Pinsel verwenden.
3. Wenn Sie Ihre Schatzkarten als Collagen gestalten möchten, sollten Sie einen Stapel alter Zeitschriften bereitlegen, aus denen Sie Bilder und Wörter ausschneiden können.
4. Eine Packung mit selbstklebenden Goldsternchen. Natürlich nur, wenn Sie möchten!

TEIL
6

Die Grundlagen-Technik

Die Basis-Techniken und wie man sie anwendet

Der Vorgang des kreativen Visualisierens läßt sich am besten folgendermaßen zusammenfassen: Man stellt sich so klar und realistisch wie möglich vor, *was man sich wünscht,* so als ob *es bereits Wirklichkeit wäre.* So *erlebt* man innerlich, wie es wäre, wenn der Wunsch sich verwirklicht. Diese Methode ist tatsächlich so einfach, daß Sie sie jederzeit praktizieren können, indem Sie einfach die Augen schließen (oder Sie geöffnet lassen, falls Sie das vorziehen) und sich vorstellen, daß das erwünschte Ziel bereits Wirklichkeit ist. Dazu sind keine besonderen Techniken erforderlich. Sie können kreatives Visualisieren problemlos zu einem natürlichen Bestandteil Ihres alltäglichen Denkens und Lebens machen.

Damit Sie zu diesem Punkt gelangen, wo es zu einer natürlichen Gewohnheit wird, kreativ zu denken und positiven Gebrauch von Ihrer Imagination zu machen, gibt es viele verschiedene hilfreiche Techniken.

In diesem Kapitel werde ich Ihnen ein paar der einfachsten und wirkungsvollsten Techniken vorstellen, die ich selbst angewendet habe. Und ich gebe Ihnen einige Ratschläge, wie Sie diese Techniken am besten einsetzen.

Hier ist die einfachste kreative Visualisierungstechnik, in vier Schritten:

1. Setzen Sie sich ein Ziel – etwas, das Sie gerne sein oder haben möchten. Beispiel: Ich hätte gerne mehr Selbstbewußtsein.

2. Machen Sie daraus eine Affirmation (Bejahung). Bilden Sie einen einfachen Satz in der Gegenwartsform, als ob das Gewünschte bereits Wirklichkeit wäre. Beispiel: »Ich bin ein selbstbewußter Mensch.«

3. Stellen Sie sich bildlich vor oder spüren Sie, daß der Wunsch bereits Wirklichkeit ist. In der Regel ist es hilfreich, die Augen zu schließen und so zu tun oder sich vorzustellen, wie es wäre, wenn der Wunsch verwirklicht wäre. Machen Sie sich keine Sorgen, wenn Sie sich die Verwirklichung noch nicht klar und deutlich bildlich vorstellen können. Erspüren oder erfühlen Sie sie einfach so, wie es Ihnen leichtfällt.

4. Übergeben Sie Ihren Wunsch dann bewußt Ihrem höheren Selbst oder der höheren Macht des Universums und lassen Sie los. Das bedeutet, daß Sie sich nicht selbst krampfhaft um die Verwirklichung des Wunsches *bemühen*. Entspannen Sie sich statt dessen und *lassen Sie zu*, daß die höhere Kraft in Ihnen an der Erfüllung Ihres Wunsches arbeitet. Wenden Sie sich danach einfach wieder Ihren alltäglichen Beschäftigungen zu, achten Sie dabei aber auf intuitive Impulse und Ahnungen, und seien Sie offen für Wachstum und Wandel.

Ich stelle Ihnen nun vier meiner bevorzugten Visualisierungs-Techniken vor. Sie können mühelos und jederzeit angewendet werden. Die erste Technik ist ein meditativer Prozeß, die beiden nächsten sind Schreibübungen und die vierte ist ein künstlerischer Prozeß.

Die Rosa-Seifenblasen-Technik

Diese Methode kombiniert die zuvor genannten vier Schritte auf sehr einfache, wirkungsvolle Weise.

Setzen oder legen Sie sich bequem hin, schließen Sie die Augen und atmen Sie tief, langsam und natürlich. Entspannen Sie sich allmählich tiefer und tiefer.

Stellen Sie sich etwas vor, von dem Sie sich wünschen, daß es Wirklichkeit wird. Stellen Sie es sich so deutlich wie möglich bildlich vor, oder erspüren Sie es einfach.

Umgeben Sie Ihre Phantasie jetzt vor Ihrem inneren Auge mit einer rosafarbenen Seifenblase; umhüllen Sie Ihren Wunsch mit dieser Seifenblase. Rosa ist die Farbe, die mit dem Herzen assoziiert wird. Wenn diese Farbschwingung Ihre Visualisierung umgibt, wird nur das zu Ihnen kommen, was in vollkommenem Einklang mit Ihrem Wesen ist.

Lassen Sie die Seifenblase jetzt frei und stellen Sie sich vor, wie sie Ihre Vision hinaus ins Universum trägt. Das symbolisiert Ihre Bereitschaft, sich emotional von Ihrem Wunsch zu lösen und ihn der höheren Macht des Universums zu übergeben, damit sie ihn für Sie verwirklicht.

Sie können diese Meditation einmal machen und den Wunsch dann völlig loslassen, oder sie eine Zeitlang regelmäßig wiederholen. Wenn Sie die Übung regelmäßig anwenden möchten, empfehle ich, sie morgens nach dem Aufwachen und abends vor dem Schlafengehen zu machen.

Affirmationen aufschreiben

Nehmen Sie eine Affirmation, mit der Sie arbeiten möchten und schreiben Sie sie zehn- oder zwanzigmal hintereinander auf ein Blatt Papier. Verwenden Sie Ihren Namen und schreiben Sie die Affirmation in der ersten, zweiten und dritten Person:

Zum Beispiel:

Ich, Shakti, habe jetzt das ›Stell dir vor‹-Arbeitsbuch vollständig durchgearbeitet.
Shakti, du hast jetzt das ›Stell dir vor‹-Arbeitsbuch vollständig durchgearbeitet.
Shakti hat das ›Stell dir vor‹-Arbeitsbuch jetzt vollständig durchgearbeitet.

Scheiben Sie die Sätze nicht bloß rein mechanisch auf; denken Sie, während Sie schreiben, wirklich über die Bedeutung der Worte nach. Achten Sie darauf, ob zu dem, was Sie schreiben, innere Widerstände, Zweifel oder negative Gedanken auftauchen. Wenn das geschieht (auch wenn es nur sehr schwach ist), sollten Sie das Blatt umdrehen und auf die Rückseite den negativen Gedanken notieren, den Grund, warum diese Affirmation nicht wahr sein kann, nicht wirken kann oder was auch immer. Zum Beispiel:

»Ich bin einfach nicht gut genug« … »Ich bin zu alt« … »Das wird doch nie funktionieren.«

Fahren Sie dann damit fort, die Affirmation zu schreiben.

Werfen Sie, wenn Sie fertig sind, einen Blick auf die Rückseite des Blattes. Wenn Sie ehrlich waren, werden Sie dort klar und deutlich die negativen Denkmuster sehen, mit denen Sie sich in diesem speziellen Fall davon abhalten zu bekommen, was Sie sich wünschen.

Denken Sie sich nun einige Affirmationen aus, die diesen Ängsten oder negativen Glaubenssätzen entgegenwirken, und schreiben Sie diese neuen Affirmationen. Sie können aber auch bei der ursprünglichen Affirmation bleiben, wenn Ihnen das wirkungsvoller erscheint, oder sie ein wenig modifizieren, damit sie genauer paßt.

Machen Sie diese Schreibübung mit Ihren Affirmationen mehrere Tage hintereinander täglich ein- oder zweimal. Wenn Sie das Gefühl haben, Ihre negative Programmierung nun klar zu durchschauen, brauchen Sie sie nicht länger auf die Rückseite des Blattes zu schreiben. Schreiben Sie dann lediglich die Affirmationen.

Die ideale Szene

Denken Sie an ein Ziel, das Ihnen wichtig ist. Es kann ein langfristiges oder ein kurzfristiges Ziel sein.

Schreiben Sie Ihr Ziel so klar wie möglich in einem Satz auf.

Schreiben Sie dann darunter eine *Ideale Szene:* Beschreiben Sie genau eine Situation, in der Ihre Zielvorstellung vollständig verwirklicht ist. Beschreiben Sie diese Szene in der Gegenwart, so als existiere sie bereits, und mit möglichst vielen Einzelheiten.

Schreiben Sie, wenn Sie damit fertig sind, darunter:

»Das oder etwas noch Besseres verwirklicht sich jetzt für mich auf eine vollkommen befriedigende und harmonische Weise.«

Wenn Sie möchten, können Sie dann noch weitere Affirmationen hinzufügen. Unterschreiben Sie zum Abschluß mit Ihrem Namen.

Setzen Sie sich dann bequem hin, entspannen Sie sich und begeben Sie sich in Ihren Meditationszustand. Visualisieren Sie Ihre ideale Szene und wiederholen Sie gedanklich Ihre Affirmationen.

Bewahren Sie Ihre ideale Szene in Ihrem Notizbuch auf, in Ihrem Schreibtisch, an Ihrem Bett, oder hängen Sie sie an die Wand. Lesen Sie sie immer wieder, und nehmen Sie, falls nötig, angemessene Änderungen vor. Denken Sie immer wieder über sie nach, wenn Sie meditieren.

Ein ›warnendes‹ Wort: Wenn Sie Ihre ideale Szene in eine Schublade stecken und vergessen, kann es sehr gut sein, daß Sie eines Tages entdecken, daß sie sich trotzdem manifestiert hat … ohne daß Sie bewußt Energie dafür aufgewendet haben.

Die Schatzkarte

Eine ›Schatzkarte‹ zu zeichnen, ist eine sehr wirkungsvolle Technik und macht großen Spaß.

Eine Schatzkarte ist ein reales, physisches Bild der von Ihnen herbeigewünschten Wirklichkeit. Sie ist wertvoll, weil sie ein besonders klares, deutliches Bild ist, das Energie anziehen und Ihrem Ziel zuführen kann. Sie wirkt so ähnlich wie der Bauplan eines Hauses.

Sie können eine Schatzkarte herstellen, indem Sie sie malen oder zeichnen, oder indem Sie eine Collage anfertigen aus Bildern und Wörtern, die Sie aus Zeitschriften, Büchern, Postkarten und so weiter ausschneiden. Machen Sie sich keine Sorgen, wenn Sie glauben, kein großes künstlerisches Geschick zu besitzen. Einfache, kindliche Schatzkarten sind ebenso wirkungsvoll wie Karten mit großem künstlerischen Anspruch!

Im wesentlichen sollte die Schatzkarte Sie selbst in Ihrer idealen Szene zeigen, wenn Ihr angestrebtes Ziel vollständig verwirklicht ist.

Hier sind einige wertvolle Tips zur Herstellung besonders wirksamer Schatzkarten:

1. Beschränken Sie sich bei der Schatzkarte auf einen einzelnen Wunsch in Ihrem Leben, damit Sie alle Elemente einfügen können, ohne daß das Ganze zu kompliziert wird. Das ermöglicht es Ihrem Geist, sich klarer und besser zu konzentrieren, als wenn Sie alle Ihre Ziele auf der Schatzkarte darstellen. Statt dessen können Sie eine Schatzkarte für Ihre zwischenmenschlichen Beziehungen, eine für Ihren Beruf, eine für spirituelles Wachstum und so weiter anfertigen.

2. Wählen Sie eine Größe, die Ihnen angenehm erscheint. Vielleicht möchten Sie Ihre Schatzkarte in Ihrem Notizbuch bei sich tragen, sie an die Wand hängen oder in Ihrer Brieftasche aufbewahren. Meine Schatzkarten fertige ich aus dünnem Karton, weil der haltbarer ist als Papier.

3. Auf jeden Fall sollten Sie selbst auf dem Bild zu sehen sein. Sehr wirklichkeitsnah ist es, wenn Sie ein Foto von sich verwenden. Oder malen Sie sich selbst. Stellen Sie sich selbst dar, wie Sie das sind, tun oder haben, was Sie sich wünschen – um die Welt reisen, neue Kleidung tragen, stolz Ihr neues Buch präsentieren, sich für Ihr höheres Selbst öffnen, usw.

4. Stellen Sie die betreffende Situation in Ihrer idealen, vollständigen Form dar, so als existiere sie bereits. Sie brauchen nicht darzustellen, auf welche Weise sie sich verwirklicht. Zeigen Sie nur das Endresultat. Zeigen Sie nichts Negatives oder Unerwünschtes.

5. Verwenden Sie auf Ihrer Schatzkarte viele Farben, um so die Wirkung auf Ihr Bewußtsein zu verstärken.

6. Stellen Sie sich selbst in einer realistischen Umgebung dar; es sollte für Sie selbst glaubwürdig aussehen.

7. Fügen Sie Ihrem Bild ein Symbol für das Unendliche hinzu, das Ihnen kraftvoll und bedeutungsvoll erscheint. Es könnte ein ›Om‹-Zeichen sein, ein Kreuz, Christus, ein Buddha, eine strahlende Sonne oder etwas anderes, das die universale Intelligenz oder Gott repräsentiert. Damit erkennen Sie an und werden immer wieder daran erinnert, daß alles aus dieser einen unendlichen Quelle kommt.

8. Schreiben Sie Affirmationen auf Ihre Schatzkarte. *»Hier fahre ich gerade meinen neuen Datsun-Pickup mit Camping-Kabine. Ich liebe ihn, und ich habe genug Geld, um mir ein solches Auto leisten zu können.«*

   Vergessen Sie nicht, auch die kosmische Affirmation hinzuzufügen: *»Das oder etwas noch Besseres verwirklicht sich jetzt für mich auf eine vollkommen befriedigende und harmonische Weise und zum Besten aller Beteiligten.«*

Das Herstellen einer Schatzkarte ist ein machtvoller Schritt zur Verwirklichung Ihres Ziels. Verbringen Sie nun täglich ein paar Minuten damit, Ihre Schatzkarte still zu betrachten, und denken Sie während des Tages immer wieder kurz an sie. Mehr brauchen Sie nicht zu tun.

Übungen mit den Basis-Techniken

Jetzt werde ich Ihnen zeigen, wie man diese Techniken für ein persönliches Ziel einsetzt, so daß Sie ihre Anwendung üben können.

Suchen Sie sich zunächst ein Ziel aus, wobei die Ebene keine Rolle spielt. Es kann ein materielles (z. B. ein Haus, ein Auto, ein bestimmter Job usw.), ein emotionales oder ein spirituelles Ziel sein.

Wählen Sie für diesen ersten Versuch ein Ziel, das Ihnen wichtig ist, das einigermaßen realistisch und glaubwürdig ist und bei dem Sie ein gutes Gefühl haben. Beschreiben Sie Ihr Ziel nun mit einem einfachen, treffenden Satz:

Mein Ziel ist ______________________________

____

Machen Sie aus diesem Satz nun eine Affirmation, indem Sie ihn in der Gegenwartsform aufschreiben, so als sei Ihr Ziel bereits erreicht. (Achten Sie darauf, keine Wörter zu benutzen wie »ich *werde*« oder »ich *möchte*« – damit verschieben Sie Ihr Ziel von der Gegenwart in die Zukunft. Verwenden Sie Formulierungen wie »ich habe *jetzt*« oder »ich erlebe *jetzt*« usw.) Formulieren Sie so kurz und einfach wie möglich. Weitere Beispiele für Affirmationen finden Sie in Teil 3.

Meine Affirmation: ______________________________

____

____

Schließen Sie jetzt die Augen, atmen Sie ein paarmal tief durch und entspannen Sie Geist und Körper. Wiederholen Sie Ihre Affirmation gedanklich einige Male und stellen Sie sich vor, daß sie wahr ist. ›Probieren Sie sie an‹ und schauen Sie, wie es sich anfühlt, wenn Ihr Wunsch Wirklichkeit wird. Stellen Sie sich dann vor, daß Sie Ihren Wunsch mit einer rosa Seifenblase umhüllen. Lassen Sie ihn los, so daß er in der Seifenblase davonschwebt.

Bejahen Sie nun bewußt: »Ich übergebe diesen Wunsch jetzt der höheren Intelligenz des Universums in mir, damit sie mich bei der Erschaffung dieser Wirklichkeit führt.«

Außerdem können Sie die ›kosmische Affirmation‹ wiederholen:

Das oder etwas noch Besseres verwirklicht sich jetzt für mich auf eine vollkommen befriedigende und harmonische Weise und zum Besten aller Beteiligten. So sei es. So ist es.

Gut. Versuchen Sie jetzt, eine ideale Szene für dieses spezielle Ziel zu schreiben. Beschreiben Sie dieses Ziel so detailliert wie möglich, so als ob es bereits Wirklichkeit wäre (in der Gegenwartsform).

Wenn Ihnen das schwerfällt, können Sie auch versuchen, sich selbst in die Zukunft zu projizieren, in jene Zeit, wenn Ihr Wunsch vollständig verwirklicht ist. Tun Sie dann so, als würden Sie einen Brief an Ihren besten Freund/Ihre beste Freundin schreiben, in dem Sie ihm oder ihr die Situation in allen Einzelheiten beschreiben.

Wenn Ihr Ziel zum Beispiel darin besteht, sich einen Arbeitsplatz zu erschaffen, der Ihnen gefällt, beschreiben Sie Ihren idealen Arbeitsplatz so, als hätten Sie ihn bereits. Beschreiben Sie, wo Sie arbeiten, was Sie gerade tun, Ihre Umgebung, Ihre Kollegen, wie Ihre Bezahlung ist und so weiter.

Benutzen Sie, nachdem Sie Ihre ideale Szene beschrieben haben, die nächste Seite dazu, eine Schatzkarte zu zeichnen. Stellen Sie dabei keine zu hohen künstlerischen Anforderungen an sich. Das Ganze soll Spaß machen! Und außerdem ist es sehr wirkungsvoll. Sie können das Blatt auch ruhig im Querformat benutzen, wenn Ihre Schatzkarte dann besser darauf paßt.

Auf der letzten Seite in diesem Kapitel können Sie sich darin üben, Ihre Affirmation zu schreiben. Möglicherweise wird sich Ihre Affirmation ein wenig verändern, während Sie mit ihr arbeiten. Oder vielleicht finden Sie eine andere Affirmation, die Ihnen besser, passender oder wichtiger erscheint. Seien Sie stets flexibel und offen für Veränderungen.

Meine ideale Szene

Schatzkarte

Meine Affirmation schreiben

Meine negativen Gedanken bewußtmachen

Praktische Erfahrungen mit dem kreativen Visualisieren

Nachdem Sie jede der Übungen gemacht haben, können Sie damit fortfahren, das betreffende Ziel kreativ zu visualisieren, indem Sie, wenn Sie möchten, die Rosa-Seifenblasen-Technik anwenden, Ihre Affirmationen morgens und abends in der Meditation wiederholen, oder indem Sie für einige Zeit täglich oder mehrmals in der Woche Ihre Affirmationen (und die negativen Gedanken dazu) aufschreiben.

Wenn es noch andere Ziele gibt, auf die Sie hinarbeiten möchten, können Sie dabei die gleichen Techniken anwenden. Wenn Sie mit dem kreativen Visualisieren anfangen, ist es in der Regel besser, sich zunächst nur auf ein oder zwei Ziele gleichzeitig zu konzentrieren, um der Einfachheit willen. Später werden Sie vielleicht feststellen, daß Sie sich auch auf mehr Ziele konzentrieren können, vielleicht ziehen Sie es aber auch weiterhin vor, bei ein oder zwei überschaubaren Zielen zu bleiben.

Beschäftigen Sie sich spielerisch mit einem bestimmten Ziel und visualisieren Sie es solange, wie Sie Energie dafür haben und Sie sich gut dabei fühlen. Wenn Sie anfangen, sich zu langweilen oder wenn Sie sich entmutigt fühlen, sollten Sie die Angelegenheit für eine Weile auf sich beruhen lassen. Wenn Sie etwas loslassen und es für einige Zeit vergessen, werden Sie nachher oft feststellen, daß es sich unversehens in Ihrem Leben manifestiert hat, gewissermaßen während Sie gerade nicht hinschauten!

Es gibt wirklich keine festen Regeln, wie man kreatives Visualisieren am besten einsetzt. Jeder Mensch ist anders, und jede Situation ist anders. Ich kann Ihnen Vorschläge machen, die auf meinen eigenen Erfahrungen basieren, doch letztlich sind Sie selbst Ihre höchste Autorität. Sie müssen selbst herausfinden, wobei Sie sich gut fühlen und was bei Ihnen wirkt. Und vermutlich wird sich das von Zeit zu Zeit ändern. Vertrauen Sie Ihrer Intuition und tun Sie das, was sich gut und richtig anfühlt.

Manchmal sind Leute wütend auf sich, weil sie die Übungen nicht regelmäßig machen, obwohl sie bei ihnen funktionieren. Benutzen Sie das kreative Visualisieren nicht als weiteren Grund, sich selbst zu kritisieren und herabzusetzen! Haben Sie Vertrauen in sich. Wenn Sie nicht die Energie haben, die Übungen regelmäßig zu machen, gibt es dafür vielleicht einen Grund, den einstweilen nur Ihr inneres Selbst kennt.

Meine Philosophie ist folgende: *Wenn Sie das Gefühl haben, Sie sollten die Übungen eine Zeitlang regelmäßig machen, dann tun Sie es. Sie werden feststellen, daß das eine sehr lohnende Arbeit ist. Falls Sie es nicht schaffen, regelmäßig zu üben, sorgen Sie sich nicht deswegen. Das wichtigste ist, sich bewußt zu werden, daß Sie selbst für das verantwortlich sind, was Sie in Ihrem Leben erschaffen. Wenn es Ihnen gelingt, während Ihres Alltags bewußter auf Ihre Gedanken und Glaubenssätze zu achten, und darauf, wie Sie selbst Ihre Realität erschaffen, ist das schon sehr viel. Wenn Sie sich dann durch ein bestimmtes Problem oder einen Wunsch dazu motiviert fühlen, können Sie jederzeit mit der geeigneten Visualisierungstechnik daran arbeiten.*

In den folgenden Kapiteln werden wir uns genauer mit einigen besonderen Aspekten des kreativen Visualisierungsprozesses vertraut machen.

TEIL
7

Ziele

Wie man sich Ziele setzt und dadurch Freude gewinnt

Immer wenn Sie einen Wunsch haben, haben Sie in gewisser Weise ein Ziel – etwas, das Sie gerne sein, tun oder besitzen würden. Manche Wünsche sind lediglich flüchtige Launen, doch andere sind dauerhaft und gehen tiefer. Unsere Wünsche und Ziele geben uns eine Richtung, sie helfen uns, im Leben einen festen Kurs beizubehalten.

Für viele Menschen hat das Wort ›Ziel‹ einen negativen Beigeschmack, weil es so oft mit Getriebenheit, mit übersteigertem Ehrgeiz und Konkurrenzkampf assoziiert wurde. Und tatsächlich werden Ziele oft sehr mißbraucht. Doch letztlich kann man es gar nicht vermeiden, Ziele zu haben. (Selbst wenn Ihr Ziel darin besteht, keine Ziele zu haben, ganz im Augenblick zu leben oder den ganzen Tag zu meditieren, so ist auch das immer noch ein Ziel!) Also können Sie ebensogut auch lernen, bewußt mit Ihren Zielen zu arbeiten und Freude an ihnen zu haben.

Damit Sie Freude an Ihren Zielen haben können, sollten Sie sie als Wegweiser betrachten, die Ihnen eine bestimmte Richtung anzeigen. Sie helfen Ihnen, sich zu konzentrieren und Ihre Energie in Fluß zu bringen. *Wie* Sie Ihren Weg gehen, liegt bei Ihnen; Sie können sehr verbissen an die Sache herangehen und nur noch daran denken, wie Sie Ihr Ziel auf dem schnellsten Weg erreichen; oder Sie haben Freude an der Reise, genießen jeden Schritt auf dem Weg, jede unerwartete Wegbiegung, froh über jede Gelegenheit, etwas Neues lernen zu können.

Experimentieren Sie, wenn Ihnen der Sinn danach steht, auf spielerische Weise damit, sich Ziele zu setzen. Finden Sie heraus, wie Sie sich dabei fühlen und ob es Ihnen hilft oder nicht. Wenn Sie bereits ein sehr organisierter, zielorientierter Mensch sind und dazu neigen, Ihr Leben durch Ziele zu kontrollieren und Ihre Spontaneität dadurch zu ersticken, ist es besser für Sie, Entspannung und spontanes Handeln für eine Weile zu Ihrem einzigen Ziel zu machen. Wenn Sie dagegen Probleme haben, Ihr Leben zu organisieren, und es Ihnen schwerfällt, die Initiative zu ergreifen, kann es Ihnen sehr helfen, sich feste Ziele zu setzen. Das ist individuell sehr verschieden.

Hier sind einige Empfehlungen:

1. Seien Sie bei kurzfristigen Zielen realistisch. Setzen Sie sie nicht zu hoch an, sonst sind Sie hinterher enttäuscht. Besser ist es, einen kurzen, erreichbaren Schritt zu tun und sich dann ein neues Ziel zu stecken. So wächst allmählich Ihr Selbstvertrauen.

2. Seien Sie bei langfristigen Zielen anspruchsvoll und idealistisch. Lassen Sie zu, daß sich Ihre Imagination öffnet und nach den Sternen greift. Das wird Sie inspirieren.

3. Richten Sie Ihre Aufmerksamkeit auf das *Wesentliche* Ihres Ziels. Machen Sie sich keine Sorgen wegen der Einzelheiten, da diese Veränderungen unterliegen können.

4. Versuchen Sie nicht, etwas zu erzwingen. Bemühen Sie sich nicht krampfhaft, das gesteckte Ziel zu erreichen. Gewinnen Sie etwas Distanz, entspannen Sie sich und *lassen* Sie die Dinge sich auf ihre Weise entwickeln. Übergeben Sie Ihre Ziele Ihrem höheren Selbst, damit es sie für Sie verwirklicht, und *lassen Sie los.*

5. Seien Sie flexibel. Vermutlich werden Sie feststellen, daß viele Ihrer Ziele sich häufig ändern, doch bei den wichtigsten Zielen gibt es einen Wesenskern, der unverändert bleibt und Sie zu Ihren Bestimmungen in diesem Leben hinführt.

Zielsetzungen

Diese Zielsetzungs-Übung sollten Sie mindestens einmal machen. Sie können Sie aber auch alle sechs Monate oder einmal jährlich wiederholen, nur um zu sehen, wie sich Ihr Leben verändert. Ihr Zweck besteht darin, Ihre Imagination zu öffnen und zu erweitern. Auch soll sie Ihnen helfen, sich auf die Dinge zu konzentrieren, die Ihnen wirklich wichtig sind.

Als ich diese Übung zum erstenmal machte, glaubte ich nicht, daß ich wissen könnte, was meine langfristigen Ziele sein würden. (»Wie kann ich jetzt wissen, was ich in fünf Jahren will?«) Doch ich probierte es trotzdem, nur so zum Spaß, und ich war verblüfft, wieviel davon später tatsächlich Wirklichkeit wurde. Nehmen Sie es also einfach als eine spielerische Lernerfahrung.

Übungsanleitung: Notieren Sie in jeder Kategorie drei bis zehn wichtige Dinge, die Sie bis dahin erreichen oder erschaffen möchten. Schreiben Sie jedes Ziel als Affirmation – das heißt, schreiben Sie einen Satz in der Gegenwartsform, so als ob das Ziel bereits verwirklicht wäre. Dadurch wird das Ganze zu einer sehr wirkungsvollen kreativen Visualisierung. Schreiben Sie also nicht: »Ich möchte eine größere, hellere schönere Wohnung haben.« Formulieren Sie statt dessen: »Ich lebe jetzt in einer großen, schönen, hellen Wohnung, in der ich mich wohl fühle.«

Beispiel: Meine wichtigsten Ziele im nächsten Monat (also die Dinge, die ich in einem Monat erreicht haben möchte) sind:

1. Ich habe das spezielle Projekt, das mein Chef mir anvertraut hat, jetzt problemlos und erfolgreich beendet.
2. Ich habe alle meine Schulden bezahlt und ein Sparkonto eröffnet.
3. Ich mache jetzt täglich einen Spaziergang und verbringe etwas Zeit an der frischen Luft.
4. Ich bin jetzt besser in Kontakt mit meinen Gefühlen und lerne, offener mit anderen zu sprechen.
5. Ich habe jetzt meine erste Gitarrenstunde absolviert.
6. Der Kleiderschrank im Schlafzimmer ist aufgeräumt und ordentlich!

Wenn Sie Ihre kurzfristigen Ziele (ein Monat, zwei Monate, sechs Monate) aufschreiben, sollten Sie dabei realistisch bleiben. Wählen Sie Ziele, die Sie *ziemlich* leicht erreichen können. Wenn Sie die Meßlatte zu hoch anlegen, sind Sie nach einem oder zwei Monaten möglicherweise enttäuscht, wenn Sie nichts erreicht haben. Bei den längerfristigen Zielen (fünf Jahre, zehn Jahre, das ganze Leben) sollten Sie Ihrer Phantasie und Ihrem Idealismus möglichst viel Raum lassen.

Meine wichtigsten Ziele im nächsten Monat sind:

Meine wichtigsten Ziele in den nächsten sechs Monaten sind:

Meine wichtigsten Ziele im nächsten Jahr sind:

Meine wichtigsten Ziele in den nächsten zwei Jahren sind:

Meine wichtigsten Ziele in den nächsten fünf Jahren:
(Was ich in fünf Jahren erreicht haben möchte)

Meine wichtigsten Ziele in den nächsten zehn Jahren:
(Was ich in zehn Jahren erreicht haben möchte)

Meine wichtigsten Ziele in diesem Leben:

Gegenwärtige Ziele

Diese Übung können Sie regelmäßig machen, vielleicht einmal im Monat, oder immer dann, wenn Sie sich darüber klarwerden möchten, was gegenwärtig am wichtigsten für Sie ist und wo gerade Ihre obersten Prioritäten liegen.

Nennen Sie einfach die fünf oder sechs gegenwärtig wichtigsten Ziele in Ihrem Leben – also Dinge, in die Sie jetzt im Moment oder in naher Zukunft Ihre Energie investieren möchten. Einige davon sind vermutlich kurzfristige Ziele, andere eher langfristig, aber es sind jedenfalls jene Ziele, die im Moment für Sie die größte Bedeutung haben.

Die zur Zeit wichtigsten Ziele in meinem Leben sind:

TEIL
8

Reinigung

Was ist innere Reinigung?

Die kreative Kraft des Universums ist stets bestrebt, durch uns zu fließen, durch uns zu erschaffen. Je besser und klarer unsere Verbindung zu unserem höheren Selbst ist, desto leichter kann die kreative Energie uns durchströmen und uns helfen, unsere Herzenswünsche zu verwirklichen. Doch diese kreative Kraft wird durch unsere Glaubenssätze, Einstellungen, Emotionen und Gewohnheiten gefiltert. Je negativer und einschränkender unsere Glaubenssätze und Denkweisen sind, desto mehr blockieren, verlangsamen und verzerren sie die kreative Energie.

Daher ist der innere Reinigungsprozeß eine der wichtigsten Anwendungen des kreativen Visualisierens – sich von falschen, einschränkenden Glaubenssätzen und Denkmustern zu lösen und sie durch positive, hilfreiche zu ersetzen.

Innere Reinigung muß letztlich auf allen Ebenen stattfinden – auf der physischen, der emotionalen, der geistigen und der spirituellen Ebene. Es gibt viele Methoden der inneren Reinigung. Dazu gehören viele Formen der Psychotherapie, Körperarbeit und Massage, Yoga, verschiedene Körper- und Atemübungen, Rebirthing, Energiearbeit, geistiges Heilen und andere. Ich habe viele dieser Methoden selbst genutzt und stellte fest, daß sie für meine persönliche Entwicklung hilfreich und bedeutungsvoll waren. Ich empfehle Ihnen, sich bei der Frage, welche Methode der inneren Reinigung zur gegebenen Zeit für Sie richtig ist, auf Ihre Intuition zu verlassen.

Die meisten Formen innerer Reinigung basieren auf dem Prinzip, daß man zunächst jede Form von unterdrückter Negativität im Körper, Gefühlsleben, Seele und Geist voll und ganz akzeptieren und erleben muß, um sich wirklich davon befreien zu können. Die meisten Menschen hoffen, Negativität würde verschwinden, wenn man sie ignoriert, aber das genaue Gegenteil ist der Fall. Je mehr Sie Ihre Negativität zu ignorieren versuchen, desto stärker kommt sie in Ihrem Leben zum Vorschein. Es ist, als wollten alle dunklen Stellen in Ihnen das Licht des Bewußtseins auf sich ziehen, damit sie gereinigt werden können. Die Reinigung vollzieht sich, indem man einfach das Licht der Bewußtheit auf diese dunklen Stellen fallen läßt und das, was dort ist, bewußt wahrnimmt. Durch die bewußte Wahrnehmung löst sich die blockierte Energie für immer, und dann sind Sie frei, sie durch positive Glaubenssätze und Geisteshaltungen zu ersetzen.

Je mehr Sie also bereit sind, Ihre negativen Glaubenssätze und Denkmuster zu konfrontieren, sie anzuerkennen und bewußt zu erleben, desto schneller können Sie sich von ihnen befreien.

Die folgenden einfachen Reinigungsübungen können Sie selbständig, ohne fremde Hilfe durchführen.

Innere Grundreinigung

Die folgende innere Grundreinigung können Sie jedesmal vollziehen, wenn Sie einen Wunsch oder ein Ziel haben, bei dem Sie sich blockiert fühlen.

Formulieren Sie als erstes Ihr Ziel in Form einer Affirmation.

Schreiben Sie dann: »Die Gründe, warum ich nicht bekommen kann, was ich mir wünsche, sind ...« Notieren Sie jetzt jeden Gedanken, der Ihnen in den Sinn kommt, wie albern, seltsam, erschreckend oder unwichtig er Ihnen auch erscheinen mag. Listen Sie alle Gründe auf, die Ihnen einfallen.

Beispiel:
Ziel: Ich habe jetzt einen wundervollen, kreativen Beruf, den ich liebe und der mir mindestens 4500 Mark im Monat einbringt.

Die Gründe, warum ich nicht bekomme, was ich mir wünsche, sind:
Ich werde nie Erfolg haben
Ich weiß nicht, was ich eigentlich will
So einen Job zu finden wäre zu schön, um wahr zu sein
Das verdiene ich nicht
Ich fürchte mich davor, so viel Geld zu verdienen
Mein Vater hat nie so viel verdient, ich möchte ihn nicht bloßstellen
usw.

Nachdem Sie alle Gründe, die Ihnen einfallen, notiert haben (Sie können auch zwischendurch eine Pause machen und später weitere Gedanken aufschreiben), sollten Sie Ihre Liste in Ruhe durchgehen. Markieren Sie jene Aussagen, von denen Sie glauben, daß sie die größte Macht über Sie haben. Schreiben Sie dann zu jeder eine entgegengerichtete Affirmation auf. Meditieren Sie für eine Weile täglich über jene Affirmationen, die Ihnen besonders wirkungsvoll erscheinen. Schließen Sie in diese Meditation auch Ihr ursprüngliches Ziel, Ihre ursprüngliche Affirmation mit ein.

Affirmationen:
Mein höheres Selbst führt mich jetzt zu meinem perfekten Arbeitsplatz. Ich verdiene es, erfolgreich zu sein und ein hohes Einkommen zu haben! Mein Vater freut sich über meinen Erfolg.

Führen Sie auf der folgenden Seite diese innere Grundreinigung mit einem Ihrer persönlichen Ziele durch. Wählen Sie dafür ein Ziel aus, bei dem Sie einen inneren Widerstand verspüren, Ängste oder Zweifel, ob Sie es erreichen können.

Ziel:

Die Gründe, warum ich nicht bekomme, was ich mir wünsche, sind:

Affirmationen:

Loslassen und anderen vergeben

Notieren Sie die Namen aller Personen, von denen Sie glauben, schlecht oder ungerecht behandelt oder geschädigt worden zu sein, oder gegenüber denen Sie Groll, Schmerz oder Wut empfinden oder empfunden haben. Schreiben Sie hinter jeden Namen, was die betreffende Person Ihnen angetan hat oder was Sie ihr übelnehmen.

Schließen Sie dann die Augen, entspannen Sie sich und visualisieren Sie nacheinander jede der Personen. Führen Sie in Gedanken mit jeder von ihnen ein kurzes Gespräch. Erklären Sie ihr, daß Sie in der Vergangenheit wütend oder verletzt waren, daß Sie aber jetzt Ihr Bestes tun, ihm oder ihr zu vergeben und die zwischen Ihnen beiden festgehaltene Energie zu befreien. Segnen Sie jede der Personen und sagen Sie: »Ich vergebe dir und lasse dich los. Geh deinen eigenen Weg und sei glücklich.«

Schreiben Sie, wenn Sie das bei allen Personen gemacht haben, quer über das Papier: »Ich vergebe jetzt euch allen und lasse euch los.«

Die Menschen in meinem Leben, die mich verletzt haben, sind:
(Schreiben Sie die Namen, und was die Betreffenden Ihnen angetan haben, und machen Sie dann die Übung.)

Wenn Sie mit der Übung fertig sind, können Sie die Seite herausreißen und wegwerfen, um so das Loslassen durch eine symbolische Handlung zu unterstreichen. Oder Sie schreiben einfach ›Vergeben und losgelassen‹ in großen Buchstaben quer über die Seite.

Sich selbst vergeben

Schreiben Sie nun die Namen aller auf, denen Sie selbst Ihrer Meinung nach wehgetan oder ein Unrecht zugefügt haben. Und notieren Sie hinter den Namen, was Sie den Betreffenden angetan haben.

Schließen Sie erneut die Augen, entspannen Sie sich und visualisieren Sie nacheinander jeden dieser Menschen. Sagen Sie ihm oder ihr, was Sie getan haben. Bitten Sie um Vergebung und segnen Sie diese Menschen. Stellen Sie sich dann vor, daß Sie selbst von ihnen gesegnet werden.

Schreiben Sie, wenn Sie damit fertig sind, an den Fuß der Seite (oder quer über das Geschriebene hinweg): »Ich vergebe mir und erlöse mich von aller Schuld, hier und jetzt, und für immer!«

Die Menschen in meinem Leben, denen ich Schmerz zugefügt habe, sind:

(Notieren Sie die Namen und dahinter, was Sie ihnen Ihrer Meinung nach angetan haben, und machen Sie dann die Übung.)

Wenn Sie mit der Übung fertig sind, können Sie die Seite herausreißen und wegwerfen, um so das Loslassen durch eine symbolische Handlung zu unterstreichen. Oder Sie schreiben einfach ›Vergeben und losgelassen‹ in großen Buchstaben quer über die Seite.

Negative Kernglaubenssätze

Wenn die Menschen lernen, daß sie ihre Realität selbst erschaffen und eine erfreulichere Realität erzeugen können, indem sie sich auf positive Bilder und Gedanken konzentrieren, bekommen sie manchmal Angst vor ihren negativen Gedanken. Sie fürchten, daß wenn sie einmal einen negativen Gedanken, eine negative Idee haben, sich das sofort in ihrem Leben verwirklicht. Oft versuchen Menschen, ihre negativen Gedanken zu unterdrücken oder zu ignorieren und sich heroisch nur auf Positives zu konzentrieren. Ich halte das für einen Fehler. Unsere negativen Gedanken sind wertvolle Hinweise auf unsere tief sitzenden Ängste und negativen Grundhaltungen.

Negative Gedanken, die man *bewußt zur Kenntnis nimmt*, verursachen keine wirklichen Probleme. Wenn Sie sich ihrer erst einmal bewußt sind, haben Sie sich damit praktisch schon von ihnen befreit. Die negativen Glaubenssätze tief in uns, die uns nicht bewußt sind, sind es, die die negativen Erfahrungen in unserem Leben erzeugen und uns davon abhalten, das zu erschaffen, was wir uns bewußt herbeiwünschen.

Die wirklichen Störenfriede sind die ›negativen Kernglaubenssätze‹ – unsere tiefsten und fundamentalsten Annahmen und Erwartungen, die wir gegenüber dem Leben, der Welt, uns selbst und anderen hegen. Sie sind im allgemeinen so grundlegend für unser Denken und Fühlen, daß wir gar nicht erkennen, daß es sich lediglich um Glaubenssätze handelt; wir halten sie vielmehr für unabänderliche Bestandteile der Wirklichkeit, glauben, »daß das Leben nun einmal so ist«. Solange wir diese tief sitzenden, unerkannten Glaubenssätze haben, kontrollieren sie die Art und Weise, wir wir unsere Realität erschaffen. So können Sie beispielsweise noch so sehr bewußt Wohlstand affirmieren und visualisieren – wenn Sie unbewußt glauben, daß Sie ihn nicht verdienen, oder daß es unmoralisch oder unspirituell ist, wohlhabend zu sein, werden Sie keinen Erfolg haben.

Sie können also Ihre negativen Gedanken und Ihre Sorgen positiv nutzen, wenn Sie bereit sind, sie bewußt zu betrachten und herauszufinden, was sich hinter ihnen verbirgt. Wenn Sie sich Ihrer negativen Kernglaubenssätze *bewußtwerden*, können Sie sie auch ändern.

Es gibt eine unendliche Zahl solcher negativen Kernglaubenssätze, und jeder von uns hat seine ganz besonderen. Doch einige von ihnen sind in unserer Kultur so weitverbreitet, daß die meisten von uns sie zu einem gewissen Grad verinnerlicht haben. Hier sind sechs der verbreitetsten (jeder davon hat viele Variationen und Auswüchse). Zu jedem dieser negativen Glaubenssätze habe ich einige geeignete Affirmationen hinzugefügt.

1. *Ich bin machtlos.*
   Ich habe nicht die Macht, mein Leben zu gestalten. Ich bin ein Opfer der äußeren Umstände. Ich bin hilflos. Andere Menschen sind darauf aus, mich zu schädigen. Ich bin nicht verantwortlich für das, was mit mir geschieht.
   Affirmationen: Ich bin ein Kanal für die kreative Kraft des Universums. Ich bin stark. Ich selbst erschaffe mein Leben.

2. *Mangel.*
   Von den Dingen, die ich mir wünsche, ist nicht genug vorhanden. Deshalb muß ich ohne sie auskommen (oder mir mehr nehmen, als mir zusteht, so daß andere Menschen leer ausgehen, oder ich muß gierig zupakken, um mir meinen Anteil zu sichern).
   Einige der Dinge, von denen wir glauben, daß es nicht genug davon gibt:
   Geld ... Liebe ... Zeit ... Energie ... Platz ... Gutes ... Gesundheit ... Jugend ... Vitalität ... Arbeitsplätze ... Freude ... Sex ... und so weiter ...
   Affirmationen: Das Universum ist die Quelle für ____ und es gibt davon mehr als genug, um all meinen Bedarf zu decken. ______ gibt es in meinem Leben in Fülle. Ich habe stets alles, was ich brauche.

3. *Das Leben ist ein Kampf.*
   Das Leben ist mühsam. Die Dinge sind nun einmal schwierig. Es ist nicht gut, wenn es im Leben zuviel Annehmlichkeiten, Freuden und Vergnügungen gibt. Sieh dich vor, wenn es dir gerade besonders gut geht! Das Unheil ist meistens nicht weit. Wenn ich in diesem

Leben genug leide, werde ich dafür (hoffentlich) im nächsten Leben belohnt.

Affirmationen: Wenn ich meiner inneren Führung folge, schwimme ich harmonisch im Strom des Lebens. Mein Leben ist reich und angenehm. Es ist völlig in Ordnung, sich zu entspannen und das Leben zu genießen.

4. *Ich bin wertlos.*
Ich verdiene es nicht, glücklich, gesund, reich zu sein. Ich verdiene es nicht, geliebt zu werden. Etwas stimmt nicht mit mir. Ich bin nicht gut genug. Ich bin nicht klug, talentiert, liebenswert (oder was auch immer).
Affirmationen: Ich liebe mich. Ich akzeptiere mich. Ich verdiene es, glücklich (gesund, wohlhabend usw.) zu sein. Ich bin liebenswert.

5. *Angst vor Mißerfolg, Angst vor Erfolg, Angst vor Macht.*
Ich fürchte mich, etwas zu riskieren, aus Angst, zu versagen oder Erfolg zu haben. Wenn ich versage, werden die anderen mich ablehnen. Wenn ich Erfolg habe, werden die anderen mich beneiden und Ansprüche an mich stellen. Dann werde ich isoliert sein. Ich werde mein Selbstbild nicht aufrechterhalten können. Ich werde zu mächtig sein. Ich fürchte mich vor meiner Macht.
Affirmationen: Es ist völlig in Ordnung, wenn ich es wage, ich selbst zu sein. Ich bin nicht auf die Wertschätzung anderer angewiesen. Ich schätze und achte mich selbst. Ich vertraue meiner Macht. Es ist völlig in Ordnung, erfolgreich zu sein.

6. *Ich vertraue mir nicht, ich vertraue dem Universum nicht.*
Ich fürchte mich davor, mich meinen Gefühlen, meiner Intuition anzuvertrauen. Ich fürchte, daß es keine höhere Macht gibt, die mich beschützt. Ich fürchte mich davor, mich der Macht des Universums in mir anzuvertrauen. Ich fürchte mich davor, meine Kontrollversuche aufzugeben und mich ganz der höheren Kraft auszuliefern.
Affirmationen: Ich vertraue mir. Ich vertraue der höheren Kraft in mir.

Es gibt noch viele andere Glaubenssätze, seien Sie also offen dafür, Ihre eigenen kennenzulernen.

Wenn Sie sich eines Ihrer negativen Kernglaubenssätze bewußt werden, haben Sie sich damit schon zu 99% von ihm befreit. Es wird vermutlich noch ein Weilchen dauern, bis er ganz verschwunden ist, aber wenn Sie wirklich erkennen und spüren, wie sich der betreffende Glaubenssatz in Ihrem Leben auswirkt, wird er Ihnen schon bald keine Probleme mehr bereiten. Mit einer Affirmation können Sie dem Glaubenssatz dabei helfen, sich aufzulösen. Um eine gute Affirmation zu finden, sollten Sie zunächst Ihren negativen Glaubenssatz so genau wie möglich aufschreiben, und zwar in einem Satz. Schreiben Sie dann eine positive Aussage auf, die die negative korrigiert und ihr entgegenwirkt. Zum Beispiel:

Negativer Glaubenssatz: Ich fürchte mich vor meiner Macht. Ich fürchte mich davor, jemanden zu verletzen.

Affirmation: Ich vertraue auf meine persönliche Macht. Sie veranlaßt mich, stets zum Wohle aller zu handeln.

Die folgenden Übungen werden Ihnen dabei helfen, in allen Lebenslagen Ihre negativen Glaubenssätze aufzuspüren.

Glaubenssätze erkennen

Diese Übung sollten Sie am besten mit einem Partner machen, es geht aber auch allein. Wenn Sie sie mit einem Partner machen, sollte einer von Ihnen die Fragen stellen, während der andere antwortet (nehmen Sie sich für jede Frage ungefähr zwei oder drei Minuten Zeit). Wenn der eine Partner alle Fragen beantwortet hat, wechseln Sie sich ab, so daß dann der andere antworten muß.

Wenn Sie die Übung allein durchführen, können Sie die Antworten notieren oder sie einfach nur in Gedanken beantworten. Oder Sie sprechen sie auf Tonband und hören sie sich anschließend noch einmal an.

Sitzen Sie für einen Moment ruhig, mit geschlossenen Augen, und nehmen Sie Verbindung zu jenem Teil in Ihnen auf, der stark und eigenverantwortlich ist – dem Schöpfer Ihrer Erfahrungen. Denken Sie dann an eine bestimmte Situation, ein Problem oder einen Lebensbereich, wo Sie größere Offenheit und Bewußtheit benötigen.

Beantworten Sie nun die folgenden Fragen:

1. Beschreiben Sie das Problem, die Situation oder den Lebensbereich, an dem Sie arbeiten möchten. Nehmen Sie sich drei oder vier Minuten Zeit, um darüber zu sprechen.

2. Welche Emotionen spüren Sie dabei? (Beschreiben Sie die *Emotion* – z. B. Angst, Traurigkeit, Wut, Schuld. Beschreiben Sie nicht die *Gedanken*, die Sie dabei haben.)

3. Welche körperlichen Empfindungen stellen sich dabei ein?

4. Was denken Sie über diese Sache? (Welche Tonbänder oder Programme laufen dabei in Ihrem Kopf ab? Welche negativen Gedanken, Ängste, Sorgen machen sich bemerkbar?) Nehmen Sie sich für die Beschreibung drei oder vier Minuten Zeit.

5. Was wäre das Schlimmste, was in dieser speziellen Situation passieren könnte? (Ihre größte Angst.) Angenommen, es geschähe tatsächlich. Was wäre dann?

6. Was wäre das Beste, was geschehen könnte? Beschreiben Sie den möglichen Idealzustand, Ihre ideale Szene für diesen Bereich Ihres Lebens.

7. Welche Angst oder welcher negative Glaubenssatz hält Sie davon ab, in diesem Bereich das zu erschaffen, was Sie sich wünschen? Schreiben Sie die betreffende negative Überzeugung in einem Satz auf, so präzise wie möglich. Wenn es mehrere negative Überzeugungen sind, schreiben Sie sie alle auf.

8. Denken Sie sich eine Affirmation aus, die dem negativen Glaubenssatz entgegenwirkt und ihn korrigiert. Hier sind einige Empfehlungen dazu:
   (a) Die Affirmation sollte kurz, möglichst einfach formuliert und bedeutungsvoll für Sie sein.
   (b) Sie sollte in der Gegenwartsform stehen, so als sei sie jetzt bereits Wirklichkeit.
   (c) Sie sollten Ihren Namen verwenden.
   Beispiel: »Ich, Shakti, bin ein wertvoller Mensch. Ich verdiene es, geliebt zu werden!«

(d) Die Affirmation sollte sich *unmittelbar* auf Ihren negativen Glaubenssatz beziehen und ihn in einen positiven, aufbauenden verwandeln.
Einige Beispiele:
Negativer Glaubenssatz: »Die Welt ist ein gefährlicher Ort. Ich muß ums Überleben kämpfen.«
Affirmation: »Ich, Shakti, lebe jetzt in einer sicheren, wunderschönen Welt. Je mehr ich mich entspanne und das Leben genieße, desto geborgener bin ich.«
Negativer Glaubenssatz: »Geld verdirbt den Charakter.«
Affirmation: »Je mehr Geld in mein Leben fließt, desto mehr kann ich Gutes für mich und andere tun.«

(e) Sie sollten bei der Affirmation ein wirklich gutes Gefühl haben. (Eine gute Affirmation löst oft starke Emotionen aus.) Wenn sie sich noch nicht richtig gut anfühlt, ändern Sie sie solange, bis das der Fall ist.

9. Dann:

(a) Wiederholen Sie die Affirmation in Gedanken, während Sie meditieren. Stellen Sie sich bildhaft vor, daß alles sich genauso entwickelt, wie Sie es sich wünschen.

(b) Wenn Sie mit einem Partner üben, lassen Sie ihn Ihnen die Affirmation vorsprechen und Ihnen dabei tief in die Augen sehen. Nachdem er/sie die Affirmation laut ausgesprochen hat, sagen Sie: »Ja, ich weiß!« Wiederholen Sie diesen Vorgang zehn- oder zwölfmal. Sprechen *Sie* dann selbst die Affirmation, und lassen Sie Ihren Partner/Ihre Partnerin sagen: »Ja, das ist wahr!«

(c) Schreiben Sie Ihre Affirmation täglich zehn- bis zwanzigmal. Schreiben Sie negative Gedanken, falls solche auftauchen, auf die Rückseite des Blattes, und fahren Sie fort, die Affirmation zu schreiben, bis sich völlige Klarheit einstellt.

TEIL 9

Die einzelnen Lebensbereiche

Kreatives Visualisieren in den einzelnen Lebensbereichen

In diesem Kapitel erhalten Sie Gelegenheit, einige der Techniken des kreativen Visualisierens in den verschiedenen Bereichen Ihres Lebens anzuwenden.

Ich empfehle Ihnen, nicht alle auf einmal durchzuprobieren. Wählen Sie einen oder zwei Bereiche aus, die für Sie gegenwärtig von großer Bedeutung sind, und konzentrieren Sie sich für eine Weile auf diese. Später können Sie sich dann weitere Bereiche vornehmen.

Ich habe die Lebensbereiche in folgende Kategorien unterteilt:

Meine Beziehung zu mir selbst

Meine persönliche und spirituelle Entwicklung, mein Selbstbild, meine Gefühle mir selbst gegenüber, Eigenschaften, die ich entwickeln möchte, mein Verhältnis zu meiner höheren Kraft usw.

Meine Beziehung zu anderen Menschen

Hierbei kann eine bestimmte Beziehung zu einem einzelnen Menschen gemeint sein, oder Sie können sich mit Ihrem Verhältnis zu anderen Menschen insgesamt befassen.

Arbeit, Kreativität, finanzieller Wohlstand

Hier geht es um Ihren Beruf und Ihren kreativen Selbstausdruck. Es könnte etwas sein, womit Sie sich gerade beschäftigen und wobei Sie erfolgreicher sein möchten. Oder aber um das Finden einer neuen Ausdrucksform. Und es geht um die Verbesserung Ihrer finanziellen Situation.

Mein Zuhause und mein persönlicher Besitz

Wenn Sie Ihr persönliches Lebensumfeld verbessern oder sich ein neues schaffen möchten, sollten Sie sich mit diesem Übungsteil beschäftigen. Oder wenn Sie gerne bestimmte materielle Besitztümer erlangen möchten (ein neues Auto, Möbel, Kleidung, was auch immer).

Gesundheit und äußere Erscheinung

Wenn Sie sich selbst heilen, Ihre körperliche Fitneß steigern, ab- oder zunehmen möchten, sollten Sie mit dieser Kategorie arbeiten.

Erholung und Urlaub

Hier geht es darum, eine Urlaubsreise oder etwas anderes, das der Freude und Erholung dient, zu verwirklichen.

Die Welt um mich herum

Es macht Spaß und ist sehr kreativ, sich etwas Zeit dafür zu nehmen, eine vollkommenere, erleuchtetere Welt zu visualisieren. Benutzen Sie Ihre Imagination, um Dinge zum Besseren hin zu verändern.

Natürlich kann es sein, daß manche Ihrer Ziele sich nicht in diese Kategorien einordnen lassen. In diesem Fall können Sie selbstverständlich gerne weiter Kategorien dazuerfinden!

Zu jeder der vorgegebenen Kategorien haben Sie die Möglichkeit, ein, zwei oder drei Affirmationen (Ziele) aufzuschreiben. Es ist Platz vorgesehen, um eine ideale Szene aufzuschreiben und Reinigungsarbeit zu machen; es gibt jeweils eine Seite, wo Sie eine Schatzkarte anfertigen, und eine Seite, wo Sie Ihre Affirmationen schreiben können (mit Klärung negativer Gedanken auf der Rückseite). Und denken Sie auch daran, die Rosa-Seifenblasen-Meditation zu praktizieren!

Viel Spaß dabei!

Meine Beziehung zu mir selbst

Meine augenblicklichen Ziele in diesem Bereich sind:
(Formulieren Sie Ihre Ziele als Affirmationen. Nennen Sie ein, zwei oder drei Ziele.)

1. ____________________

2. ____________________

3. ____________________

Meine ideale Szene für meine Beziehung zu mir selbst:

Meine Beziehung zu mir selbst
Reinigungsübung

Die Gründe dafür, daß ich keine befriedigende Beziehung zu mir selbst aufbauen kann, sind:

(Wenn Sie möchten, können Sie diese Seite herausreißen und wegwerfen, wenn Sie alle negativen Gefühle und Gedanken aufgeschrieben haben.)

Meine Beziehung zu mir selbst
Schatzkarte

Wenn Sie möchten, können Sie die Seite auch im Querformat benutzen!

Meine Beziehung zu mir selbst
Affirmationen schreiben

Wählen Sie die Affirmationen, die Sie besonders wirkungsvoll finden und schreiben Sie sie mehrfach. Blättern Sie, falls dabei negative Gefühle oder Gedanken auftauchen, um und schreiben Sie sie auf die Rückseite. Beenden Sie die Übung immer auf der positiven Seite durch das Schreiben der Affirmation.

Das Negative erkennen und auflösen

Meine Beziehung zu anderen Menschen

Meine augenblicklichen Ziele in diesem Bereich sind:
(Finden Sie eine, zwei oder drei Affirmationen.)

1. ______________________________

2. ______________________________

3. ______________________________

Meine ideale Szene:

Meine Beziehung zu anderen Menschen
Reinigungsübung

Die Gründe dafür, daß ich nicht die Beziehung(en) habe, die ich mir wünsche, sind:

(Wenn Sie fertig sind, können Sie die Seite herausreißen und wegwerfen.)

Meine Beziehung zu anderen Menschen
Schatzkarte

Meine Beziehung zu anderen Menschen
Affirmationen schreiben

Arbeit, Kreativität, finanzieller Wohlstand

Meine augenblicklichen Ziele in diesem Bereich sind:
(als Affirmationen formulieren)

1. ______________________________

2. ______________________________

3. ______________________________

Meine ideale Szene:

Arbeit, Kreativität und finanzieller Wohlstand
Reinigungsübung

Die Gründe, warum ich nicht bekomme, was ich mir wünsche, sind:

(Wenn Sie alle negativen Gedanken und Gefühle aufgeschrieben haben, können Sie diese Seite herausreißen und wegwerfen.)

Arbeit, Kreativität und finanzieller Wohlstand
Schatzkarte

Arbeit, Kreativität und finanzieller Wohlstand
Affirmationen schreiben

Das Negative erkennen und auflösen

Mein Zuhause und mein persönlicher Besitz

Meine augenblicklichen Ziele in diesem Bereich sind:
(als Affirmationen formulieren)

1. ______________________________

2. ______________________________

3. ______________________________

Meine ideale Szene:

Mein Zuhause und mein persönlicher Besitz

Die Gründe, warum ich nicht bekomme, was ich mir wünsche, sind:

(Wenn Sie alle negativen Gedanken und Gefühle aufgeschrieben haben, können Sie diese Seite herausreißen und wegwerfen.)

Mein Zuhause und mein persönlicher Besitz
Schatzkarte

Mein Zuhause und mein persönlicher Besitz
Affirmationen schreiben

Das Negative erkennen und auflösen

Gesundheit und äußere Erscheinung

Meine augenblicklichen Ziele in diesem Bereich sind:
(als Affirmationen formulieren)

1. ____

2. ____

3. ____

Meine ideale Szene:

Gesundheit und äußere Erscheinung
Reinigungsübung

Die Gründe, warum ich nicht bekomme, was ich mir wünsche, sind:

Gesundheit und äußere Erscheinung
Schatzkarte

Gesundheit und äußere Erscheinung
Affirmationen schreiben

Das Negative erkennen und auflösen

Erholung und Urlaub

Meine augenblicklichen Ziele sind:

1. ______________________________

2. ______________________________

3. ______________________________

Meine ideale Szene:

Erholung und Urlaub
Reinigungsübung

Die Gründe, warum ich nicht bekomme, was ich mir wünsche, sind:

Erholung und Urlaub
Schatzkarte

Erholung und Urlaub
Affirmationen schreiben

Das Negative erkennen und auflösen

Die Welt um mich herum

Meine wichtigsten Ziele in diesem Bereich sind:
(als Affirmationen formulieren)

1. ____

2. ____

3. ____

Meine ideale Szene:

Die Welt um mich herum
Reinigungsübung

Die Gründe, warum die Welt nicht auf diese Weise zum Besseren verändert werden kann, sind:

Die Welt um mich herum
Schatzkarte

Die Welt um mich herum
Affirmationen schreiben

Das Negative erkennen und auflösen

TEIL 10

Inspiration

Einige besondere Techniken

Dieses Kapitel beginnt mit fünf ›Positiv-Energie‹-Listen. Notieren Sie in jeder dieser Listen wenigstens ein paar Punkte. Beginnen Sie, wenn Sie später dieses Arbeitsbuch wieder zur Hand nehmen, immer damit, diese Listen durchzugehen und jeweils einen (oder mehrere) Punkte zu ergänzen.

Diese Listen sollen Ihnen dabei helfen, sich selbst und Ihrem Leben mehr Anerkennung und Wertschätzung entgegenzubringen. Sie bringen Ihre positiven Energien in Fluß und helfen Ihnen automatisch, sich für Ihre kreative Energie zu öffnen.

Mit den anderen Listen in diesem Kapitel können Sie arbeiten, wann immer Sie möchten. Die Seiten zum Aufschreiben Ihrer Träume können Sie zum Beispiel jeden Morgen nach dem Aufwachen benutzen, oder nur gelegentlich, wenn Sie sich an einen besonders bedeutsamen Traum erinnern.

Selbstachtungs-Liste

Stellen Sie eine Liste der Dinge auf, die Ihnen an Ihnen selbst gefallen, das, was Sie für Ihre positiven Eigenschaften halten – das können große Dinge oder scheinbar unbedeutende sein. Jeder von uns hat viele positive Eigenschaften, und oft nehmen wir uns nicht die Zeit, diese Eigenschaften anzuerkennen und wertzuschätzen. Je mehr Sie sich selbst achten und schätzen, desto glücklicher und liebevoller werden Sie sein, desto besser wird Ihre kreative Energie sein und desto mehr Positives können Sie in der Welt beitragen.

Denken Sie an Dinge, die Ihnen an Ihrem Körper, Ihrer Persönlichkeit, Ihrem Charakter, Ihrem Verhalten gegenüber anderen Menschen, Ihrem Intellekt, Ihrer spirituellen Natur gefallen.

Schreiben Sie alles auf, auch wenn Sie sich dabei albern vorkommen. Das ist eine sehr wichtige Übung. Ergänzen Sie diese Liste ständig.

Beispiele:

1. *Meine Augen sind schön.*
2. *Ich bin sehr aufrichtig und geradeheraus.*
3. *Mein Einfühlungsvermögen*
4. *Mein gutes Gedächtnis*
5. *Ich bin anderen ein/e gute/r Freund/in.*
6. *Ich mag meine Beine und Füße.*
7. *Ich bin ein sehr begeisterungsfähiger Mensch.*

Usw.

Dinge, die ich an mir mag:

1. __________

2. __________

3. __________

4. __________

5. __________

6. __________

7. __________

8. __________

9. __________

10. __________

(Sie können diese Liste beliebig fortsetzen.)

Erfolgs-Liste

Stellen Sie eine Liste von allem auf, bei dem Sie Erfolgserlebnisse haben oder irgendwann in Ihrem Leben hatten – das können kleine oder große Dinge sein. Beziehen Sie dabei alle Bereiche Ihres Lebens ein, nicht nur den Beruf. Schreiben Sie alles auf, das für Sie selbst von Bedeutung ist, auch wenn es für andere Menschen unwichtig sein mag.

Der Sinn dieser Liste ist es, daß Sie sich selbst und Ihre Fähigkeiten anerkennen. Dadurch wächst Ihre Energie. Sie werden kreativer und können noch mehr Erfolg erzielen.

Ergänzen Sie diese Liste immer wieder um die Dinge, die Sie von Tag zu Tag erfolgreich bewältigt haben.

Beispiele:

1. *Ich bin ein/e gute/r Koch/Köchin.*
2. *Ich habe eine erfolgreiche Teppichreinigungsfirma aufgebaut.*
3. *Ich habe Italienisch gelernt.*
4. *Ich habe mit 20 Kindern ein Ballett einstudiert.*
5. *Mit acht Jahren lernte ich Fahrradfahren.*
6. *Mit 16 bekam ich meinen ersten Job in einem Supermarkt.*
7. *Ich habe meine Ausbildung zum Elektriker erfolgreich abgeschlossen.*
8. *Ich habe die Regale in meinem Haus selbst gebaut.*
9. *Heute ist es mir gelungen, meine Gefühle gegenüber anderen klar und deutlich zu artikulieren.*

Usw.

Dinge, bei denen ich Erfolgserlebnisse hatte oder habe:

1. ______________________________

2. ______________________________

3. ______________________________

4. ______________________________

5. ______________________________

6. ______________________________

7. ______________________________

8. ______________________________

9. ______________________________

10. ______________________________

(Sie können diese Liste beliebig fortsetzen.)

Dankbarkeits-Liste

Stellen Sie eine Liste von allem auf, für das Sie in Ihrem Leben besonders dankbar sind. Diese Liste aufzustellen und immer wieder zu ergänzen kann buchstäblich Ihr Herz öffnen. Sie werden sich all der Reichtümer bewußt, die wir alle in unserem Leben erschaffen haben und oft für selbstverständlich halten. Dadurch erkennen Sie, wieviel Reichtum und Fülle bereits auf allen Ebenen existieren, und Ihre Fähigkeit, noch mehr Fülle zu manifestieren, wächst.

Beispiele:

1. *Meine Freunde*
2. *Meine Kinder*
3. *Die Schönheit der Natur – besonders jene Augenblicke am Strand und auf dem Hügel hinter meinem Haus.*
4. *Die Gelegenheiten, zu wachsen und mich zu öffnen, die mir geschenkt wurden.*
5. *Rock-and-Roll-Musik und Tanzen gehen.*

Usw.

Die Dinge in meinem Leben, für die ich dankbar bin:

1. ______________________________

2. ______________________________

3. ______________________________

4. ______________________________

5. ______________________________

6. ______________________________

7. ______________________________

8. ______________________________

9. ______________________________

10. ______________________________

(Sie können diese Liste beliebig fortsetzen.)

Die Sei-gut-zu-dir-selbst-Liste

Schreiben Sie alle Möglichkeiten auf, wie Sie sich selbst etwas Gutes tun können mit Dingen, die Ihnen Freude und Befriedigung schenken. Dazu sollten Dinge zählen, die Sie täglich tun können und tun sollten. Wenn Sie sich jeden Tag etwas gönnen, das Ihnen guttut, steigern Sie so Ihr Wohlbefinden und Ihre Zufriedenheit, so daß Ihre kreative Energie freier fließen kann. Ergänzen Sie diese Liste immer wieder, wenn Ihnen weitere Dinge einfallen.

Beispiele:
1. *In aller Ruhe ein Bad nehmen*
2. *Tanzen gehen!*
3. *Mir täglich ein paar Minuten der Entspannung und Stille gönnen.*
4. *Mich massieren lassen*
5. *Etwas wirklich Leckeres und Nahrhaftes essen!*
6. *Mir ein neues Halstuch kaufen*
7. *Mir eine neue Schreibmaschine kaufen*
8. *Viel Zeit mit Michael verbringen*

Usw.

Dinge, mit denen ich mir selbst eine Freude machen kann:

1. ______________________________

2. ______________________________

3. ______________________________

4. ______________________________

5. ______________________________

6. ______________________________

7. ______________________________

8. ______________________________

9. ______________________________

10. ______________________________

(Sie können diese Liste beliebig fortsetzen.)

Energiefluß-Liste

Überlegen Sie, auf welche Weise Sie der Welt und Ihren Mitmenschen etwas von Ihrer Energie zufließen lassen können. Listen Sie auf, wie dieser Energiefluß in den Bereichen Geld, Zeit, Liebe und Zuneigung, Wertschätzung, körperliche Energie, Freundschaft, Zärtlichkeit und im Rahmen Ihrer persönlichen Talente und Fähigkeiten aussieht. Achten Sie darauf, daß Sie diese Dinge dann auch wirklich tun. Ergänzen Sie die Liste, wenn Ihnen weitere Ideen kommen.

Beispiele:
1. *Freunden die Füße massieren*
2. *Meinen Vater anrufen*
3. *Jim erklären, wie seine neue Kamera funktioniert*
4. *Jemanden zum Essen einladen*
5. *Meinen Freunden und Verwandten öfter sagen, wie sehr ich sie mag*
6. *Meine Fotografien für Ausstellungen zur Verfügung stellen*
7. *Für meine Familie kochen*

Usw.

Wege, wie ich der Welt und meinen Mitmenschen etwas von meiner Energie zufließen lassen kann:

1. ______________________________

2. ______________________________

3. ______________________________

4. ______________________________

5. ______________________________

6. ______________________________

7. ______________________________

8. ______________________________

9. ______________________________

10. ______________________________

(Sie können diese Liste beliebig fortsetzen.)

Heilung-und-Hilfe-Liste

Notieren Sie die Namen aller Menschen, von denen Sie wissen, daß sie Heilung oder irgendeine spezifische Form der Hilfe benötigen. Schreiben Sie dann eine Affirmation (eine positive Aussage in der Gegenwartsform), in der Sie die erwünschte Realität beschreiben, bei deren Erschaffung Sie der betreffenden Person gerne helfen möchten. Senden Sie dann, immer wenn Sie diese Liste wieder durchgehen, diesen Personen einen positiven ›Energieschub‹. Was die Betreffenden mit dieser Energie anfangen, ist ihnen überlassen; Sie können sie nicht beeinflussen oder kontrollieren, sondern ihnen nur dabei helfen, das zu manifestieren, was *ihnen selbst* wünschenswert erscheint.

Beispiele:

Name: Jörg Müller
Affirmation: Jörg Müller hat jetzt einen Arbeitsplatz, an dem er sich wohlfühlt und angemessen bezahlt wird.

Name: Else Schmitz
Affirmation: Else fühlt sich wohl und ist völlig gesund.

Name: Karin Meier
Affirmation: Karin ist jetzt entspannt und empfindet inneren Frieden. Sie liebt sich von Tag zu Tag mehr.

Einige Menschen, denen ich auf besondere Weise Liebe und Unterstützung zukommen lassen möchte:

Name:
Affirmation:

Name:
Affirmation:

Name:
Affirmation:

Name:
Affirmation:

Name:
Affirmation:

Name:
Affirmation:

(Sie können diese Liste beliebig fortsetzen.)

Kreative Ideen und Gedanken

Auf den folgenden Seiten können Sie nach Belieben kreative Ideen, Phantasien und Gedanken notieren, die Ihnen durch den Kopf gehen. Es brauchen keine vollständig durchdachten Konzepte zu sein, und sie brauchen auch nicht viel Sinn zu ergeben. Es geht lediglich darum, aufmerksam für die kleinen Geistesblitze und Inspirationen zu werden, die Ihnen Ihre Intuition übermittelt. Gehen Sie das Ganze spielerisch an, ohne großen Ernst, und machen Sie sich keine Sorgen, wenn Ihnen zunächst nichts einfällt, was Sie auf diese Seiten schreiben könnten.

Einige Beispiele:

15. 5.: Als ich mich heute entspannte, kam mir plötzlich der Gedanke, daß ich ein eigenes Geschäft gründen sollte. Ich sah mich in einem schönen Büro, mit einer Sekretärin, vielen Pflanzen und tollen Möbeln. Ich hatte das Gefühl, daß ich irgendeiner Beratungstätigkeit nachging.

3. 6.: Ich hatte die Idee, Gesangsunterricht zu nehmen!

8. 6.: Während der Meditation sah ich einen großen Vogel, einen Adler, glaube ich. Er trug ein Geschenk für mich im Schnabel. Ich hatte das Gefühl, vom Universum gesegnet zu sein.

Kreative Ideen und Gedanken

Kreative Ideen und Gedanken

Kreative Ideen und Gedanken

Kreative Ideen und Gedanken

Träume aufschreiben

Da unsere Träume wertvolle Schlüssel zu unserer Intuition sind, kann es Spaß machen und sehr sinnvoll sein, sich darin zu üben, Träume aufzuschreiben.

Sagen Sie sich abends vor dem Einschlafen: »Ich werde mich, wenn ich aufwache, klar und deutlich an mindestens einen Traum erinnern.« Versuchen Sie dann, wenn Sie in der Nacht oder morgens aufwachen, sich sofort an einen Traum oder ein Traumfragment zu erinnern. Schreiben Sie diese Erinnerung sofort auf. Dabei werden Ihnen oft weitere Einzelheiten einfallen, und die Bedeutung des Traumes wird klarer werden. Notieren Sie dann, was der Traum Ihrer Ansicht nach bedeutet, was Ihr intuitiver Geist Ihnen auf diese Weise mitteilen möchte.

Träume aufschreiben

Träume aufschreiben

Träume aufschreiben

Inspirierende Zitate

Nutzen Sie die folgenden Seiten, um sich Zitate aus Büchern, Gedichten oder Liedern zu notieren, die Sie besonders inspirierend und hilfreich finden. Wenn Sie möchten, können Sie dieses Arbeitsbuch zu Vorträgen oder Seminaren mitnehmen und sich dort wichtige Ideen notieren.

Inspirierende Zitate

Meine Lieblings-Affirmationen

Achten Sie während Ihrer Arbeit mit Affirmationen darauf, welche Ihnen besonders gut gefallen oder sich bei Ihnen als besonders wirkungsvoll erweisen, und notieren Sie sie hier. Das gilt auch für Affirmationen, die Sie in anderen Büchern entdecken.

Meine Lieblings-Affirmationen

Erfolgserlebnisse mit dem Arbeitsbuch

Hier können Sie eintragen, wie oft Sie Ihr Arbeitsbuch benutzen und welche Übung Sie jeweils machen. Nur zum Spaß können Sie jedesmal einen Goldstern einkleben, falls Sie das möchten.

Datum	Was ich heute im Arbeitsbuch gemacht habe:	Goldstern
____________	____	
	____	
	____	
____________	____	
	____	
	____	
____________	____	
	____	
	____	
____________	____	
	____	
	____	

Empfehlenswerte Bücher und Kassetten

Bücher:

Echo Bodine: *Passion to Heal: The Ultimate Guide to Your Healing Journey.* Nataraj Publishing, Mill Valley 1993

Lucia Capacchino: *Die Kraft der anderen Hand.* Knaur Verlag, München

Lucia Capacchione: *Recovery of Your Inner Child.* Simon and Schuster, New York 1991

Shakti Gawain (mit Laurel King): *Leben im Licht. Quelle und Weg zu einem neuen Bewußtsein.* Heyne Verlag, München 1989

Shakti Gawain: *Im Garten der Seele. Auf Entdeckungsreise zum Selbst.* Heyne Verlag, München 1991

Shakti Gawain: *Das Leben-im-Licht-Programm.* Heyne Verlag, München 1993

Shakti Gawain: *Meditationen im Licht.* Heyne Verlag, München 1992

Shakti Gawain: *Erwachen.* Heyne Verlag, München 1993

Harville Hendrix: *Soviel Liebe, wie du brauchst.* Econ, Düsseldorf

Vernon Howard: *Mystic Path to Cosmic Power.* Prentice Hall 1976

Ken Keyes jun.: *Handbook to Higher Consciousness.* Living Love Publishing 1975

Tanha Luvaas: *Notes from My Inner Child: I'm Always Here.* Nataraj Publishing, Mill Valley 1993

Deena Metzger: *Writing for Your Life: A Guide and Companion to the Inner Worlds.* Harper San Francisco, San Francisco 1992

Martia Nelson: *Coming Home: The Return to True Self.* Nataraj Publishing, Mill Valley 1993

Rolf Osterberg: *Corporate Renaissance: Business as an Adventure in Human Development.* Mill Valley, CA: Nataraj Publishing 1993

Gabrielle Roth: *Das befreite Herz.* Heyne Verlag, München 1990

José Silva/Bust Goldmann: *Die Silva Mind Methode. Das Praxisbuch.* Heyne Verlag, München 1990

José Silva/Philip Miele: *Silva Mind Control.* Heyne Verlag, München 1989

Hal und Sidra Stone: *Du bist viele.* Heyne Verlag,, München 1994

Hal und Sidra Stone: *Wenn zwei sich zu sehr trennen.* Verlag Simon & Leutner, Berlin 1992

Hal und Sidra Stone: *Embracing Your Inner Critic; Turning Self-Critics into a Creative Asset.* Harper San Francisco, Sa Francisco 1993

Audio- und Viedokassetten:

Shakti Gawain: *Meditationen im Licht.* Zwei Audiokassetten in deutscher Sprache, Sphinx-Verlag.

Lehr- und Meditations-Kassetten in englischer Sprache von New World Library und Nataraj Publishing.

Gabrielle Roth: MUSIKKASSETTEN ZUM TANZEN: *Initiation. Bones. Ritual. Waves. Trance.* Alle erschienen bei Raven Recording, New Jersey. Zu beziehen über Aquarius, München.

Hal und Sidra Stone: Audiokassetten in englischer Sprache von Delos, Californien.

Kataloge mit dem vollständigen Lieferprogramm von Nataraj Publishing, New World Library, Delos und Raven Recordings erhalten Sie bei:

Nataraj Publishing
P.O. Box 2627
Mill Valley, CA 94942, USA
Tel. (415) 381-1091
Bestellungen mit VISA oder MasterCard
unter Tel. 1-800-949-1091.

Kontaktadressen für Seminare

Vorträge und Seminare mit Shakti Gawain finden überall in den Vereinigten Staaten und in vielen anderen Ländern statt. Sie leitet außerdem Retreats, Intensivkurse und Schulungen. Wenn Sie in ihren Adreßverteiler aufgenommen und über ihre Seminare informiert werden möchten, wenden Sie sich an:

Shakti Gawain, Inc.
P.O. Box 377
Mill Valley, CA 94942, USA
Tel. (415) 388-7140

oder in Deutschland an:

WRAGE Seminar Service,
Schülerstr. 4, 20146 Hamburg,
Tel. 040/455240

Shakti und ihr Mann, Jim Burns, vermieten Zimmer und Gästehäuser auf ihrem wunderschönen Anwesen auf der Hawaii-Insel Kauai an Einzelreisende oder Paare, die zu persönlichen Retreats dort hinkommen möchten. Informationen und Reservierungen bei:

Kai Mana
P.O. Box 612
Kilauea, Hawaii 96754, USA
Tel. (808) 828-1280

Wenn Sie Informationen über die von Hal und Sidra Stone durchgeführten Seminare und Schulungen wünschen, schreiben Sie an:

Delos
P.O. Box 604
Albion, CA 95410, USA

Informationen über Seminare von Gabrielle Roth gibt es bei:

Raven Recordings
P.O. Box 2034
Red Bank, N.J. 07701, USA